MÉMOIRE

SUR LES TRAVAUX DU PERCEMENT

DE

L'ISTHME DE SUEZ

—

15 JANVIER 1865

MÉMOIRE

SUR LES TRAVAUX DU PERCEMENT

DE

L'ISTHME DE SUEZ

15 JANVIER 1865 *(Signé Poirée)*

PARIS

IMPRIMERIE GÉNÉRALE DE CH. LAHURE

RUE DE FLEURUS, 9

1865

MÉMOIRE

SUR

LE PERCEMENT DE L'ISTHME DE SUEZ.

A MESSIEURS LES ACTIONNAIRES
DE LA SOCIÉTÉ ANONYME DU PERCEMENT DE L'ISTHME DE SUEZ.

Maintenant que les difficultés qui entravaient la marche des travaux du percement de l'isthme de Suez sont aplanies, je puis reprendre la discussion que j'ai commencée en avril dernier, sans craindre le reproche d'augmenter les embarras de la Compagnie, comme au moment où se traitait l'importante question de l'arbitrage impérial.

Lorsqu'en mars dernier j'eus acquis la certitude que l'Administration de la Compagnie avait diminué la largeur du canal fixée par la Commission internationale, je rédigeai quelques observations[1] sur les conséquences graves qui en résulteraient pour l'exécution et pour l'exploitation du canal. Je crus devoir, comme ancien membre du Conseil général des ponts et chaussées, les soumettre d'abord à M. le Ministre des travaux publics; mais Son Excellence m'ayant répondu que son département n'avait pas à s'occuper du canal de Suez, j'adressai immédiatement mon travail à M. de Lesseps, président fondateur de l'entreprise.

Comme je tiens à justifier mes intentions, en intervenant dans une question qui avait été l'objet d'un sérieux examen de la part d'hommes très-habiles et très-compétents, je joins à ce Mémoire les

---

1. *Annexe*, n° 1.

lettres que j'ai écrites à ce sujet, ainsi que les réponses que j'ai reçues [1].

Je m'attendais à avoir une conférence avec M. de Lesseps avant l'assemblée générale du 6 août dernier, mais mon espérance a été déçue.

J'aurais pu provoquer des explications publiques sur les modifications faites au programme de la Commission internationale, mais j'ai préféré garder le silence pour attendre le résultat de la sentence arbitrale et j'ai cru devoir le garder encore jusqu'à présent, tant que j'ai pu penser que l'exécution de cette sentence pouvait donner lieu à quelques observations de la part du gouvernement égyptien.

Il s'était cependant présenté pour moi une occasion de reprendre la parole. Le 14 septembre dernier, M. Chevallier, l'un des membres du Conseil supérieur des travaux, a eu la loyauté de me remettre lui-même une brochure qu'il venait de publier sous le titre : *Du mode d'exploitation du canal de l'isthme de Suez avec ou sans écluses*. Cette brochure, portant la date du 3 août, ne devait être, sans doute, qu'un rapport fait au Conseil des travaux, à en juger par les conclusions, mais je pouvais la considérer comme une réfutation publique de mes observations et j'aurais dû y répondre sur-le-champ, si je ne m'étais pas déjà fait une loi d'attendre que la Compagnie et le gouvernement égyptien fussent complétement d'accord sur l'exécution de la sentence arbitrale.

Ce moment est arrivé, d'après les derniers numéros du journal *l'Isthme de Suez*; je puis donc, sans scrupule, présenter de nouveau mes observations comme ingénieur et comme actionnaire. C'est un devoir consciencieux que je crois devoir remplir, tant ma conviction est profonde, relativement aux inconvénients que présente le projet de bosphore en cours d'exécution.

Je commencerai par l'examen de la brochure de M. Chevallier, que je reproduis ici en entier, avec mes réponses à la suite.

---

[1]. *Annexes* du n° 9 au n° 4.

BROCHURE DE M. CHEVALLIER.

DU MODE D'EXPLOITATION DU CANAL DE L'ISTHME DE SUEZ AVEC OU SANS ÉCLUSES.

A. *Exposé.* — Au moment où la Commission internationale discutait le programme général des travaux à exécuter pour le percement de l'isthme de Suez, une question capitale a été soulevée et agitée : Le canal sera-t-il desservi par des écluses, ou en fera-t-on un bosphore ?

La Commission internationale a voté à la majorité cette dernière solution, en s'appuyant sur les calculs plus ou moins hypothétiques par lesquels M. Lieussou a cherché à établir que les vitesses, dues aux marées de la mer Rouge dans un bosphore, dépasseraient à peine deux nœuds dans des circonstances extrêmes et, par suite, exceptionnelles.

B. — Dernièrement M. Poirée, partant des mêmes considérations et remplaçant les calculs transcendants de M. Lieussou par de simples moyennes arithmétiques, est arrivé à des vitesses plus que doubles; mais, contrairement aux lois observées pour la transmission de la marée suivant la profondeur des eaux, il applique des vitesses deux fois trop fortes à la pleine mer, qui se transmettra dans le canal de Suez; et ses calculs, corrigés de cette erreur, conduisent, pour les mêmes données, à des résultats un peu supérieurs à ceux de M. Lieussou.

c. — Enfin M. Cadiat vient de reprendre cette question dans un savant et laborieux mémoire, moyennant quelques hypothèses : en partant des mêmes bases numériques que M. Lieussou, mais en suivant une autre voie, il est arrivé aussi à des vitesses supérieures à celles indiquées par M. Lieussou, mais encore acceptables.

d. — Parmi les données adoptées, je signalerai de suite deux discordances :
1° D'après la moyenne de plusieurs nivellements soignés, le niveau d'équilibre de la mer à Suez a été trouvé de $0^m,86$ plus élevé que le même niveau à Port-Saïd. On a récemment annoncé que les deux niveaux venaient d'être trouvés à peu près les mêmes ; il est important d'être fixé sur ce résultat, qui, s'il est exact, forcera d'approfondir le canal sur certains points pour obtenir le tirant d'eau prévu.

e. — 2° En examinant l'influence, quoique faible, des marées de la Méditerranée, MM. Poirée et Cadiat ont cherché à corriger une erreur qui s'est glissée dans le calcul hypothétique employé par M. Lieussou pour déterminer l'établissement de Port-Saïd, c'est-à-dire l'heure de la pleine mer les jours de syzygies. M. Lieussou ne s'est pas aperçu de cette erreur de calcul, parce que le résultat qu'il avait trouvé différait peu de l'établissement d'Alexandrie. Or, l'observation lui a donné pour ce dernier établissement la même heure qu'à Suez, et de plus M. Larousse a aussi trouvé récemment la même heure au Boghaz de Ghemileh. MM. Poirée et Cadiat supposent donc à tort que la mer doit être en même temps basse à Port-Saïd et haute à Suez, et réciproquement : le fait est que la mer est haute ou basse à peu près au même moment dans les deux ports.

f. — Du reste, MM. Lieussou, Poirée et Cadiat, dans leurs trois études, ont naturellement trouvé les vitesses les plus considérables du côté de Suez, où les marées atteignent près de 2 mètres d'amplitude, tandis que, dans la Méditerranée, cette amplitude n'est que de $0^m,30$ à $0^m,40$ au plus.

Mais ils ont fondé leurs calculs sur des hypothèses contestables, et même ils n'ont considéré que sous une face cette importante question, qui a besoin par conséquent d'être reprise dans son ensemble.

G. *Trois combinaisons.* — Trois opinions sont en présence.

Les uns voudraient la libre circulation d'un bosphore.

D'autres préféreraient la sujétion des écluses, mais en même temps la certitude de réussite qu'elles présentent.

Enfin quelques-uns redoutent l'effet moral que subirait l'entreprise du canal si, au début même de l'exploitation, un bosphore était reconnu impraticable; ils demandent donc que l'on construise de suite les écluses, sauf à les laisser ouvertes tant que des courants trop forts n'obligeront pas à les fermer.

Cette dernière condition ne paraît pas réalisable avec sécurité.

H. *Écluses facultatives.* — Les écluses à construire devraient être au nombre de deux et semblables, avec une largeur de 26 à 30 mètres chacune, pour présenter, étant ouvertes, un débouché convenable aux eaux et à la grande navigation, et pour pouvoir toujours se suppléer mutuellement. Or les vitesses qui deviendraient nuisibles aux manœuvres des navires ne permettraient pas de fermer les portes des écluses avec sécurité. Déjà, avec des portes moindres, quand l'eau a commencé à baisser dans un bassin à flot à travers l'écluse laissée ouverte après la pleine mer, on est obligé, pour résister au courant qui s'établit dans l'écluse avec une force croissante, de transfiler avec beaucoup de précaution le câble de retenue de chaque porte, et cette opération ne se fait pas quelquefois sans difficulté, ni même sans danger, parce que, si les deux portes ne viennent pas en même temps buter contre le busc et l'une contre l'autre, celle qui a été entraînée la première et qui est subitement arrêtée dans son mouvement par le chardonnet et le busc, sans être épaulée dans le haut par l'autre porte, risque de se briser, comme cela est arrivé plus d'une fois, ou tout au moins de se disloquer en se gauchissant.

Les chances de ces accidents et leurs graves conséquences augmenteraient naturellement ici avec les dimensions des portes et même avec les circonstances toutes spéciales de leurs manœuvres.

En effet, comme il serait impossible de fermer simultanément les deux écluses, dès que l'une serait fermée, les courants doubleraient d'intensité dans l'autre.

Il faudrait donc d'autant plus de prévoyance et d'habileté pour fermer les portes au moment opportun, que les courants ne dépendront pas seulement des marées plus ou moins régulières, mais encore des coups de vent essentiellement imprévus ; et la sûreté des passages reposerait entièrement sur les appréciations d'un éclusier.

Une telle situation n'est pas acceptable : il faut donc opter carrément entre un bosphore sans écluses ou des écluses fonctionnant toujours.

1. *Écluses permanentes.* — Les écluses, si elles offrent une certitude complète d'un passage toujours sûr et facile, soulèvent plusieurs graves objections.

A Suez, d'après le prix de la forme en construction, deux sas éclusés de 26 à 30 mètres de largeur et d'une longueur proportionnée, avec doubles paires de portes dans les deux sens, coûteraient plus de douze millions ; et, comme ils obligeraient les bâtiments à passer successivement, ils devraient être accompagnés aux deux extrémités de ports de stationnement qui viendraient encore augmenter notablement la dépense.

Cette obligation de faire passer un à un tous les grands bâtiments apporterait de fâcheuses entraves à la navigation.

Les dimensions une fois données aux deux sas limiteraient les dimensions des navires à y recevoir : il conviendrait donc à la fois de ne pas trop exagérer les dimensions actuelles, puisqu'elles seraient gênantes pour les petits navires, et de faire à l'avenir une part assez grande pour n'être pas obligé plus tard d'agrandir les sas, comme on a dû le faire dernièrement au canal de Nord-Hollande.

Ainsi les écluses entraveraient la circulation, pourraient engager l'avenir et entraîneraient des dépenses considérables.

I. *Un bosphore.* — Un bosphore économise la dépense des sas, il laisse aux bâtiments la voie entièrement libre, et il permet d'élargir et d'approfondir le passage suivant les besoins.

Il ne soulève qu'une objection, mais qui peut être très-grave : des courants s'y formeront et pourraient être assez forts pour contrarier les manœuvres des navires ou détériorer les berges du canal.

Tant que ces courants ne dépassent pas certaines limites, on remédie sans grandes difficultés aux deux inconvénients qu'ils entraînent.

Les berges peuvent être protégées par des enrochements à la partie supérieure, la plus exposée, laquelle devra d'ailleurs en recevoir dans tous les cas pour résister aux vagues produites par le passage des navires ou même par l'action des vents.

Les navires, s'ils rencontrent dans les courants trop de résistance, peuvent être remorqués par des bâtiments à vapeur ou des toueurs à chaîne; et l'emploi de la vapeur a toujours été admis pour l'exploitation du canal.

Enfin une augmentation de la section même du canal diminuerait dans certains cas la vitesse des courants, tout en facilitant la circulation des navires, et la dépense qui en résulterait serait probablement inférieure à la dépense des sas-écluses.

II. *Courants dans un bosphore.* — La question importante à examiner est donc celle des courants qui peuvent agir dans le canal.

Études déjà faites. — MM. Lieussou, Poirée et Cadiat ont exclusivement considéré les courants produits par les marées aux deux extrémités du canal.

— 8 —

1° Dans le cas où les lacs Amers sépareraient le canal en deux branches;
2° Dans le cas où le canal serait continu d'un bout à l'autre.

C'est du côté de Suez que se rencontrent naturellement les plus forts courants : voici les résultats extrêmes que MM. Lieussou, Poirée et Cadiat déduisent de leurs formules dans les circonstances les plus défavorables.

COMBINAISONS.	DIFFÉRENCE de niveau des deux mers.	LARGEUR du canal au plafond.	VITESSE DU FLOT PAR SECONDE, suivant		
			M. Lieussou.	M. Poirée.	M. Cadiat.
CONSERVATION des LACS AMERS.	0,86	44^m	1^m,16	1^m,51 [a]	1^m,14 [b]
	0,00	»	»	»	1^m,07 [b]
	0,86	22	»	»	1^m,68
	0,00	22	»	»	1^m,59
CANAL CONTINU.	0,86	44^m	1^m,01	1^m,39 [c]	»
	»	24	»	1^m,39	»
	»	22	»	»	2^m,69 [d]
	0,00	»	»	»	2^m,58 [d]

OBSERVATIONS. — *a*. Ce nombre est la moitié de celui qu'indique M. Poirée dans son mémoire, parce que la vitesse qu'il prend pour la propagation de la marée est double du résultat que donne l'observation : ce nombre s'applique d'ailleurs à un cas tout exceptionnel; dans les circonstances admises par M. Lieussou, il se réduirait à 1^m,31.
b. Ces deux nombres de M. Cadiat devraient être augmentés de 0^m,30 à 0^m,40 pour comprendre les mêmes cas extrêmes que les deux nombres suivants et que le nombre de M. Lieussou.
c. Le nombre indiqué par M. Poirée se rapporte au cas où les talus du canal, au lieu d'être de 2 sur 1, comme dans toutes les autres combinaisons, seraient de 1 sur 1 et recevraient des enrochements.
d. Ces nombres élevés tiennent à la masse d'eau beaucoup trop considérable que M. Cadiat suppose introduite dans le canal.

l. — Différentes hypothèses ont été faites par MM. Lieussou, Poirée et Cadiat pour pouvoir établir leurs formules.

De la marée dans le canal. — La marée est censée se transmettre dans le canal avec une vitesse uniforme et toute son intensité.

Or, de ce qui se passe en pleine mer et dans les lits suffisamment réguliers des fleuves, on conclut que la vitesse de propagation de la pleine mer ne dépend que de la profondeur d'eau ; tout porte donc à croire que dans le canal de Suez, régulier en largeur et en profondeur, la vitesse de propagation sera uniforme et peut se déduire de la profondeur même du canal ; et rien ne justifie M. Poirée d'adopter pour les vitesses de propagation des valeurs doubles de celles qu'indiquent les observations pour des profondeurs semblables.

Mais l'expérience montre que, soit dans les mers libres, soit dans les rivières, les circonstances locales influent beaucoup sur l'amplitude de la marée, et d'autant plus que cette amplitude est moindre.

Les calculs supposent que la surface de l'eau prend à chaque instant la pente uniforme qui convient au régime permanent d'un écoulement régulier ; l'observation montre qu'il n'en est pas ainsi. Les eaux, mises en mouvement par les impulsions successives de la marée montante, continuent encore leur marche en avant, quand déjà la marée descendante forme comme un appel en arrière. Au reversement de la marée, les effets contraires se produisent. De là de véritables oscillations des masses qui se traduisent dans certains cas par des phénomènes particuliers.

m. — J'emprunterai quelques exemples à nos fleuves en choisissant des époques d'étiage comme se rapportant mieux à la question.

Sur la Seine. — Sur la Seine, le 18 août 1856, en vive-eau ordinaire, on a observé les faits suivants :

Au *Havre*, la mer a mis 5 heures à monter, 7 heures 1/4 à descendre de $7^m,30$;

A *Tancarville*, à 28 kilomètres en amont du Havre, la mer a mis

2 heures à monter, 10 heures 1/4 à descendre de 4^m,25. Mais le niveau de la pleine mer s'est élevé de 0^m,47 plus haut qu'au Havre.

A *Villequier*, à 25 kilomètres en amont de Tancarville, la mer a mis 2 heures à monter, 10 heures 1/4 à descendre de 2^m,35. Mais le niveau de la pleine mer était de 0^m,66 plus bas qu'à Tancarville et de 0,19 qu'au Havre.

A *la Bouille*, à 84 kilomètres en amont de Tancarville, la mer a mis 2 heures 1/4 à monter et 10 heures à descendre de 1^m,40. Mais le niveau de la pleine mer y a atteint un minimum qui était de 1^m,21 plus bas qu'à Tancarville et de 0^m,74 qu'au Havre.

Le 23 août 1856, en morte-eau :

Au *Havre*, la mer a mis 5 heures 1/2 à monter, 7 heures à descendre de 4^m,70;

A *Tancarville*, 2 heures 1/4 à monter, 10 heures 1/4 à descendre de 3^m;

A *Villequier*, 2 heures 1/4 à monter, 10 heures 1/4 à descendre de 1^m,50.

La pleine mer est montée :

A *Tancarville*, de 0^m,26 plus haut qu'au Havre;

A *Villequier* (minimum), de 0^m,34 plus bas qu'à Tancarville; de 0^m,08 plus bas qu'au Havre.

Ainsi la marée diminue d'amplitude en remontant le fleuve, et généralement la période du montant va successivement en diminuant.

La mer s'élève plus haut à Tancarville et à Quillebeuf qu'au Havre ; elle s'élève ensuite moins haut vers Villequier et Duclair.

La basse mer est à peu près constante à Tancarville et à Quillebeuf ; en amont, son niveau s'abaisse en morte-eau, s'élève en vive-eau; c'est le contraire de ce qui se passe en aval et dans les ports à marée.

Aux deux marées citées, on a observé les vitesses du flot et du jusant, dont les périodes n'ont pas correspondu exactement au montant et au perdant. Ainsi le flot, quoique arrivant à peu près à basse mer, a duré plus de 4 heures, et le montant seulement environ 2 heures. La vitesse maximum du flot a eu lieu 1 heure environ après la basse mer, la vitesse maximum du jusant 5 heures après la pleine mer, c'est-à-dire à peu près à mi-montant ou à mi-perdant. Les formules ne tiennent aucun compte de ces circonstances.

Mais il y a ici un rapprochement important à faire.

N. — M. l'ingénieur Partiot, qui a publié en 1861 une étude sur le mouvement des marées dans la partie maritime des fleuves, et dont M. Cadiat a partagé et suivi les vues, M. Partiot, dis-je, a calculé la vitesse moyenne des eaux passant à Villequier aux différentes époques des deux marées précitées, d'après les variations de volume et de section que présente successivement le lit de la Seine ; ses résultats sont consignés aux pages 22 et 23 de son mémoire et sur les figures 10 et 11.

D'un autre côté, les vitesses observées directement sont consignées au n° 20 des tableaux joints aux planches.

En rapprochant ces résultats on forme le tableau suivant :

		VITESSE moyenne maximum calculée.	VITESSE superficielle maximum observée.
18 août 1856. Vive-eau ($2^m,35$).	Jusant.	$0^m,70$	$1^m,20$
	Flot.	1 70	1 84
23 août 1856. Morte-eau ($1^m,45$).	Jusant.	1 60	0 99
	Flot.	1 80	1 07

Quoique les deux séries de vitesses ne soient pas immédiatement comparables, les différences, qui sont dans le sens ordinaire pour les deux premières lignes, sont en sens inverse pour les deux dernières;

et les écarts entre les deux séries sont considérables. Cependant ici M. Partiot a établi ses calculs en s'appuyant sur des données certaines que l'observation lui avait fournies. M. Cadiat, au contraire, tout en s'appuyant pour ses formules sur les mêmes raisonnements, est forcé, pour les applications, de recourir à des données complétement hypothétiques; ses résultats doivent donc inspirer beaucoup d'incertitude.

o. *Sur la Loire*. — Sur la Loire, entre Saint-Nazaire et Nantes, l'amplitude des marées va successivement en diminuant, ainsi que la durée du montant. Au Pèlerin, le niveau de la haute mer atteint un maximum comme à Quillebeuf et à Tancarville sur la Seine.

Sur la Gironde. — Sur la Gironde, *en étiage*, on a observé les faits suivants :

En vive-eau, la ligne des hautes mers donne un maximum à Ambès, un minimum relatif à Bordeaux.

En morte-eau, Blaye présente un minimum, et la haute mer s'y élève de $0^m,40$ de moins qu'au Verdon. A l'embouchure de la Meuse, on observe un fait analogue.

Quant à la ligne des basses mers, elle présente le fait remarquable d'un minimum à Pauillac en vive-eau, à Bordeaux en morte-eau; c'est-à-dire que dans l'intérieur du fleuve l'eau baisse plus qu'à l'entrée. M. Airy annonce qu'un fait semblable se rencontre dans la partie supérieure du canal de Bristol.

Ces faits ne peuvent s'expliquer que par les oscillations des masses d'eau que le jeu alternatif des marées met en mouvement.

Enfin le niveau de la basse mer à Bordeaux est à peu près constant comme à Tancarville.

p. *Dans le lac Ballyteige*. — Dans ces trois exemples, le débit du fleuve, quoique pris à l'étiage, influe plus ou moins sur les résultats. Voici un exemple cité dans une enquête anglaise de 1845 sur les ports à marées. Les données sont empruntées à un projet d'endiguement qui paraît bien étudié.

Il s'agit du lac Ballyteige, à l'est de Waterford, sur la côte sud-est d'Irlande ; c'est une lagune ayant une longueur de 12 kilomètres environ et une superficie totale de 882 hectares ; elle communique avec la mer par un canal un peu sinueux qui se rétrécit successivement et n'a plus à son embouchure qu'une largeur de 101 mètres à haute mer et de 46 mètres à basse mer de vive-eau.

On y a observé les faits suivants :

En morte-eau, le lac se met à basse mer de niveau avec l'eau extérieure ; mais à pleine mer, tandis que l'eau monte en dehors de $1^m,28$, elle ne monte en dedans que de $0^m,88$. L'intérieur se vide bien, mais n'a pas le temps de se remplir.

En vive-eau, quand la mer baisse extérieurement à $1^m,04$ au dessous de la basse mer de morte-eau et monte de $2^m,32$ au-dessus, l'eau ne baisse en dedans qu'à $0^m,79$ au-dessous de son plus bas niveau et ne s'élève qu'à $1^m,46$ au-dessus. L'intérieur n'a le temps ni de se remplir ni de se vider complétement.

Il y a 2 heures de différence entre les moments des hautes mers en dedans et en dehors.

Le flot entre pendant un peu plus de 5 heures, le jusant sort pendant près de 7 heures.

La vitesse du flot observée à 180 mètres environ en amont de l'entrée a été trouvée de $1^m,22$ par seconde ou 2,4 nœuds. Mais on ne dit pas la profondeur d'eau sur le lieu de l'observation.

Sur la barre de l'entrée il ne reste à basse mer de vive-eau que $0^m,45$ à $0^m,60$ de profondeur.

Ces diverses circonstances ne sont nullement en contradiction avec les faits précédents.

Q. *Des vitesses observées sur la Seine, la Garonne et la Dordogne.* — L'exposé que je viens de présenter me paraît prouver l'impossibilité de comprendre dans des formules toutes les circonstances des phénomènes, et par suite d'en déduire des valeurs exactes pour les vitesses des masses en mouvement.

Ces vitesses d'ailleurs sont variables d'intensité et même de direction dans les différents points d'une même section transversale; car le reversement des courants se fait sentir ordinairement au fond plus tôt qu'à la surface, sur les bords plus tôt qu'au milieu.

Les oscillations des masses en mouvement font aussi que les étales des courants de flot et de jusant s'écartent plus ou moins des étales de pleine mer et de basse mer.

Toutes ces circonstances échappent complétement au calcul.

Voici quelques résultats qui ont été observés en étiage à la surface sur la Seine, la Garonne et la Dordogne, et qui, du reste, ne peuvent fournir que de simples inductions.

SEINE

	À 1 k EN AMONT DE QUILLEBEUF.			À VILLEQUIER.				À DUCLAIR.			
	Marée observée.	Vitesse maximum du jusant.	Vitesse maximum du flot.	Durée du flot.	Marée observée.	Vitesse maximum du jusant.	Vitesse maximum du flot.	Durée du flot.	Marée observée.	Vitesse maximum du jusant.	Vitesse maximum du flot.	Durée du flot.
18 août 1856. V. E. 1,01	3m,05	»	»	»	2,35	1,24	1,84	4h	1,31	0,71	1,00	4h 1/4
13 nov. 1856. V. E. 1,01	»	1,78	1,95	3h 3/4	»	»	»	»	»	»	»	»
23 août 1856. M. E.	1,99	1,00	1,95	3h	1,46	0,99	1,07	4h	0,69	0,57	0,65	3h 1/4

GIRONDE

	HAUTEUR d'eau à Castets.	MARÉE au Bec-d'Ambès.	LIEUX des OBSERVATIONS.	SUR LA GARONNE.			SUR LA DORDOGNE.		
				Durée du jusant.	Vitesse maximum du jusant.	Vitesse maximum du flot.	Durée du jusant.	Vitesse maximum du jusant.	Vitesse maximum du flot.
15 oct. 1845. V. E. 0,96	2,00	4,95	Près du Bec-d'Ambès.	7h 1/4	1,25	1,08	7h 1/4	1,58	1,20
31 oct. 1845. V. E. 0,99	0,88	4,68	À 3 kilomètres en amont.	7h 1/4	1,30	1,33	7h 1/4	1,58	1,28

R. — Toujours est-il que tandis qu'à l'entrée de la Garonne et de la Dordogne la vitesse maximum est plus forte pour le jusant que pour le flot ; c'est le contraire sur la Seine, en amont de Quillebeuf, à Villequier et à Duclair.

Quand sur la Garonne et la Dordogne des marées de $4^m,70$ à 5 mètres donnent des vitesses maximum de $1^m,10$ à $1^m,25$ au flot et de $1^m,25$ à $1^m,60$ au jusant, sur la Seine des marées bien moindres produisent des vitesses plus fortes.

Si à toutes les considérations qui précèdent on ajoute les puissants et capricieux effets du mascaret sur la Seine et sur la Dordogne, on en conclura que les lois de la transmission des marées dans les fleuves et les canaux sont encore inabordables par le calcul et ne peuvent être révélées que par l'observation.

Des courants dans la Méditerranée. — Mais dans la question actuelle est-ce bien des marées seules qu'on doit se préoccuper, quand elles n'ont au maximum, exceptionnellement, et à Suez seulement, que 2 mètres d'amplitude.

Dans la Méditerranée, où les marées sont bien plus faibles, une surélévation permanente des eaux accumulées par les coups de vent peut donner lieu dans des passes à des courants énergiques.

D'ailleurs, dans cette mer, l'action luni-solaire se manifeste sur certains points par des courants bien plus forts qu'on ne devrait s'y attendre avec la petitesse des marées voisines.

Détroit de Messine. — Dans le détroit de Messine, des courants réguliers et alternatifs se produisent, qui, atteignant jusqu'à 5 nœuds aux équinoxes, arrêtent les navires à voiles et ralentissent les bâtiments à vapeur ; et cependant les marées ne sont que de $0^m,05$ au Faro et de $0^m,20$ à $0^m,25$ à Messine et à Palerme.

Canal d'Égripo. — Dans le canal d'Égripo (ancien Euripe), où la section la plus étroite, celle du sud, a $21^m,50$ de large et $5^m,50$ de profondeur moyenne, ou 118 mètres carrés[1], le courant est ordinairement de 6 nœuds aux syzygies ordinaires avec des montées d'eau de $0^m,40$. Mais par de grands vents l'eau monte de 1 mètre, et la vitesse atteint momentanément 10 à 12 nœuds. Les marées, des plus capricieuses, semblent suivre aux syzygies la loi ordinaire; mais les changements de direction des courants proviennent plutôt de la pression du vent sur les bassins supérieur et inférieur.

Bosphore et Dardanelles. — Le Bosphore de Constantinople et le détroit des Dardanelles, aux deux extrémités de la mer de Marmara, sont séparés par une distance de 200 kilomètres et une nappe d'eau de 1 million d'hectares; les courants sont dus presque exclusivement aux surélévations de la mer Noire sous l'influence des vents régnants.

Dans le détroit des Dardanelles, de 62 kilomètres de longueur, la moindre section a 1 400 mètres de largeur et une surface de 80 000 mètres carrés environ; les courants atteignent 3 et 4 nœuds au plus.

Dans le Bosphore, de 28 kilomètres de longueur, la moindre section a une largeur de 700 mètres et une surface de 35 000 mètres carrés environ; les courants y vont jusqu'à 5 et 6 nœuds.

Les navires ne peuvent surmonter ces courants qu'à l'aide d'un bon vent ou de la vapeur.

La mer de Marmara entre les deux détroits présente une certaine analogie, quoique sur une échelle bien plus considérable, avec les lacs Amers entre les deux branches du canal de Suez; mais la comparaison ne peut être complète, parce que l'observation montre qu'en raison des sinuosités et des grandes profondeurs des détroits, les courants ne s'y établissent pas généralement sur toute la section, tandis que le canal de Suez, partout régulier et beaucoup moins large et moins

---

1. L'extrémité nord, d'environ 300 mètres de large, a jusqu'à 13 mètres de profondeur au milieu. La distance entre les deux extrémités est de 1 kilomètre.

profond, offrira probablement de bien moindres obstacles à la diffusion des courants.

Étangs de Thau et de Berre. — Moins considérables au contraire que les lacs Amers, l'étang de Thau et l'étang de Berre, sur nos côtes de la Méditerranée, peuvent néanmoins fournir d'utiles éléments de comparaison pour la question actuelle.

L'étang de Thau, de 7 700 hectares de superficie, communique avec la mer par le canal de Cette, de 2 kilomètres de longueur, dont la section entre les ponts, de 11 mètres de largeur et 3 mètres de profondeur moyenne, est de 33 mètres carrés. Les dénivellations extérieures s'élèvent à 1 mètre ou $1^m,15$. Les vitesses observées à la surface entre les ponts sont au maximum de 2 mètres par seconde ou de 4 nœuds

Les oscillations semi-diurnes de la mer ne se transmettent pas à l'étang de Thau avec leurs variations et leurs amplitudes.

A la mer, le maréographe indique une courbe dentelée, c'est-à-dire une série d'ondes secondaires, avec une amplitude totale de $0^m,20$ à $0^m,30$.

A l'étang, le maréographe reproduit une onde unique de $0^m,03$ à $0^m,04$ d'amplitude.

Le plan moyen de l'étang varie de $0^m,15$ dans ses plus grands écarts; il est toujours de $0^m,02$ à $0^m,04$ au-dessous du niveau moyen de la mer.

L'étang de Berre a 15 000 hectares environ de superficie et communique avec la mer par un canal discontinu de 5 800 mètres de longueur, qui n'est pas encore creusé à sa profondeur dans les lagunes qu'il traverse. Pour des dénivellations extérieures de 1 mètre sous l'action du vent, la vitesse dans les passes atteint jusqu'à 2 mètres par seconde ou 4 nœuds.

A Martigues, la passe du canal est maçonnée et sa section est d'environ 250 mètres carrés.

8. — *De la partie méridionale du canal de Suez.* — De tous les

exemples cités on peut tirer, sinon des conclusions fermes, au moins quelques inductions pour la solution de la question pendante.

Les lacs Amers ont une superficie de 33 000 hectares; la section du canal, réduite à 22 mètres de largeur au plafond, serait de 300 mètres carrés, et avec 44 mètres de largeur, de près de 500 mètres carrés.

Or, suivant le capitaine Stafford Bettesworth Haines (*Ann. hydr.*, t. I, p. 357), c'est un fait bien constaté que l'effet des grands vents du sud pendant les mois de décembre, janvier, février et mars est d'élever le niveau de la mer Rouge dans sa partie nord, et qu'au contraire ce niveau s'abaisse de plusieurs pieds en juillet, août et septembre, sous l'influence des grands vents du nord-nord-ouest qui enfilent le détroit.

D'après l'avant-projet du canal, les vents du nord peuvent abaisser la mer à Suez de $0^m,68$, et les vents du sud la relever de $0^m,52$, ce qui donne une variation totale de $1^m,20$.

Ces données comparées aux données analogues des étangs de Thau et de Berre semblent indiquer que sur la branche sud du canal de Suez, avec la conservation des lacs Amers, les courants produits par l'action des vents n'atteindraient qu'exceptionnellement sur quelques points, et pendant peu de temps, des vitesses de 2 mètres par seconde ou de 4 nœuds.

D'après ce qui se passe dans le Bosphore de Constantinople, les vitesses près de Suez pourraient être un peu supérieures à 4 nœuds. Mais la profondeur et l'irrégularité du Bosphore empêchent, comme on l'a vu, de tirer des conclusions bien nettes.

Quant aux courants de marée, s'ils peuvent être comparés aux courants précités de la Seine, de la Garonne et de la Dordogne, ils atteindraient 3 à 4 nœuds dans leur maximum.

Or, l'emploi de la vapeur, qui a toujours été considéré comme une annexe nécessaire de l'exploitation du canal, permettrait probablement aux bâtiments de lutter contre ces vitesses quand elles se présenteraient exceptionnellement; ou du moins il suffirait d'attendre peu de temps pour voir diminuer les courants; car il est clair que, toutes choses égales d'ailleurs, les vitesses extrêmes dureront d'autant moins qu'elles seront plus fortes.

Résumé et conclusions. — En résumé, les faits que j'ai cités et discutés me semblent conduire aux conséquences suivantes :

Il faut opter entre des écluses fonctionnant toujours ou un bosphore toujours ouvert.

Un bosphore ne présente qu'un seul risque, celui de courants trop rapides du côté de Suez.

Les courants qui s'y produiront peuvent ne pas devoir seulement leur maximum d'intensité aux marées, mais aussi aux coups de vent.

Dans tous les cas, il est à présumer que les vitesses extrêmes seront exceptionnelles et de courte durée ;

Que, d'autre part, les berges pourront être suffisamment garanties contre les dégradations ;

Et que, d'une part, les navires pourront, comme on le fait ailleurs et comme on l'avait prévu, recourir à la vapeur comme moyen de touage ou de remorquage, ou au moins n'attendre que peu de temps pour laisser mollir les courants.

Mais il paraît impossible d'établir par le calcul, pour ces courants, les époques précises de leur action et leur intensité maximum. Des expériences seules peuvent aujourd'hui répondre à ces questions.

C'est ce système d'expériences que je propose d'organiser en Égypte même, tout en recueillant ailleurs les données complémentaires qui peuvent contribuer à éclairer la question.

Pour l'étang de Berre, des renseignements peuvent être réclamés à M. l'ingénieur en chef Pascal.

Pour l'étang de Thau, il suffit d'avoir les observations très-complètes et très-multipliées qui sont citées, par M. l'ingénieur en chef Regy, dans un mémoire très-intéressant inséré dernièrement aux *Annales des ponts et chaussées*.

Pour le Bosphore de Constantinople, des renseignements complémentaires peuvent être demandés aux commandants des navires des messageries impériales qui fréquentent ces parages.

Pour l'Égypte, on observerait la vitesse des courants :

1° Au lac de Menzaleh, à travers le Boghaz de Ghemileh, en raison des variations de niveau à l'intérieur et à l'extérieur ;

2° Dans la branche nord du canal à mesure qu'elle deviendra plus profonde ;

3° A Suez, dans les chenaux par où se vident et se remplissent les lagunes actuelles, et dans le canal à mesure qu'il se développera en largeur, en profondeur et en longueur.

Actuellement, vu l'état irrégulier des lieux, il ne sera probablement possible de mesurer les vitesses qu'avec le loch à la surface et avec le pendule hydrométrique à diverses profondeurs.

Plus tard, dès que les travaux auraient créé des chenaux réguliers, les vitesses devraient être observées dans trois circonstances différentes :

1° Un flotteur indiquerait la vitesse de superficie.

2° Une barrique, rendue un peu plus lourde que l'eau et soutenue à une profondeur constante au moyen d'une ligne par un flotteur peu volumineux, permettrait d'avoir la vitesse au-dessous de la surface.

3° Un bâton en sapin, suffisamment lesté pour rester vertical dans une eau tranquille et ayant son pied à $0^m,30$ ou $0^m,40$ au-dessus des plus hauts fonds parcourus, donnerait la résultante des impulsions dues aux vitesses sur la hauteur immergée, et l'inclinaison de la tête en avant ou en arrière du mouvement indiquerait comment agit la résultante de ces impulsions.

Du reste, il conviendrait de laisser à M. le directeur général des travaux et à ses collaborateurs toute latitude pour plier le mieux possible les observations aux circonstances locales.

Toutes les observations ainsi recueillies seraient centralisées par M. le directeur général et successivement envoyées à M. le Président de la Compagnie à mesure qu'elles formeraient des groupes complets.

C'est seulement par des observations ainsi multipliées que les conclusions pourront se préciser, et c'est alors qu'il sera possible de voir si toutes les inductions qui viennent d'être présentées doivent se modifier ou se changer en certitude.

Paris, 6 août 1864.

V. CHEVALLIER.

RÉPONSES.

A. — En effet, la majorité de la Commission internationale a voté pour le bosphore, mais c'est à la condition de lui donner à la ligne de flottaison, une largeur de 80 mètres de la Méditerranée au lac Amer, et 100 mètres du lac Amer à Suez, ce qui équivalait à une largeur de 44 mètres au plafond dans la première partie et de 64 mètres dans la seconde.

En outre, la Commission a été unanime pour réserver la possibilité d'établir des écluses, si l'on reconnaissait plus tard qu'elles fussent nécessaires.

En adoptant un bosphore, la Commission avait compté sur l'exactitude des calculs qui prouvaient que les vitesses dans des cas exceptionnels ne dépasseraient pas deux nœuds; mais si elle eût pu croire qu'il en serait autrement, elle n'eût pas hésité à adopter des écluses.

Je me hâte de faire observer que M. Lieussou a insisté fortement sur la nécessité de vérifier ses calculs en disant (page 237)[1] : « *Il importe donc que chacun des membres de la Commission internationale examine personnellement si les données d'observations qui ont servi de point de départ aux calculs sont exactes, et si les déductions que nous avons tirées de ces données sont légitimes.* »

B. — En reprenant les calculs de M. Lieussou, je me suis servi des

---

[1]. *Recherches sur le régime des eaux dans le canal de Suez* (Rapport et projet de la Commission internationale).

données inscrites en tête de son mémoire. J'ai même cru devoir prendre pour exemples de propagation de marées, les mêmes trois fleuves, la Loire, la Seine et la Gironde, mais j'ai adopté pour la pleine mer, les heures indiquées par l'Annuaire des marées, et j'ai pris séparément la vitesse à l'embouchure et celle à l'intérieur. J'ai appliqué la première à la branche de Suez sur 20 kilomètres, et la seconde au canal continu tout entier sur 145 kilomètres.

Je ne me suis pas servi des formules de M. Lieussou parce qu'il y avait renoncé lui-même en disant (page 260) : « *Il n'y aura donc pas en réalité de courants de marée dans le canal, mais seulement des courants de pente dont la vitesse maxima, dans chaque section, se manifesterait au moment du plein et du bas de l'eau dans la mer voisine et ne durerait qu'un instant.* » Et c'est ainsi qu'après avoir trouvé par sa formule transcendante une vitesse maxima *sur le fond* de $1^m,73$ par seconde, il ne cite plus que celle de $1^m,16$ aussi sur le fond, calculée d'après la formule des eaux courantes de Prony.

J'ai employé des formules faciles à retenir et que j'ai été souvent à même de vérifier, elles ne demandent ni des tables ni des calculs compliqués. Elles donnent des résultats qui diffèrent peu de ceux obtenus par les formules de Prony et d'Eytelvein. Ne voulant avoir que des vitesses suffisamment comparatives, j'ai adopté pour la vitesse des courants de marée la formule

$$U = \frac{hV}{H+h}. \quad (x)$$

qui ne s'applique réellement qu'à un canal de forme rectangulaire ou à un fleuve assez large pour qu'on puisse négliger la différence des largeurs de mer basse et de mer haute.

Si j'eusse voulu avoir des résultats plus exacts, j'aurais eu égard à la forme trapézoïdale du canal, et dans ce cas la formule (X) serait devenue ce qui suit :

Avec talus à $45°$:

$$U = \frac{l'hV}{l(H+h)}$$
$$U = \frac{x+2H+h}{x+H+h} \times \frac{hV}{H+h}. \quad (Y).$$

$\begin{cases} U = \text{Vitesse moyenne du courant.} \\ V = \text{Vitesse de la propagation de marée.} \\ l' = \text{Largeur moyenne de la partie de la section due à la marée.} \\ l = \text{Largeur moyenne de la section entière.} \\ H = \text{Profondeur du canal à mer basse.} \\ h = \text{Amplitude moyenne de la marée.} \\ x = \text{Largeur du canal au plafond.} \end{cases}$

Avec talus de 2 sur 1 :

$$U = \frac{x+2(2H+h)}{x+2(H+h)} \times \frac{hV}{H+h}. \quad (Z).$$

Si dans ces trois formules (X) (Y) et (Z) je fais $H = 0$, on trouve $U = V$, ce qui devait être.

M. Chevallier m'ayant dit que les ingénieurs de la marine adoptaient pour la relation existante entre la vitesse de propagation de marée $= V$ et la profondeur de la mer $= H$, la formule

$$V = \sqrt{gH},$$

$g = 9^m,81$, représentant la force accélératrice de la pesanteur, je vais faire quelques applications des formules (Y) et (Z) aux nouvelles dimensions du canal de Suez.

1° Le lac Amer étant supposé devoir annuler toute propagation de marée

$$x = 22,00 \quad h = \frac{2,00 \times 0,00}{2} \quad H = 8,00 \quad V = \sqrt{gH} = 8^m,86.$$

Avec talus à 45° :

$$U = \frac{39,00}{31,00} \times \frac{8,86}{9,00} = 1,258 \times 0,984 = 1,24$$

Vitesse à la surface........ $v = 1,55$
Vitesse sur le fond........ $v' = 0,93$

Avec talus de 2 sur 1 :

$$U = \frac{56,00}{40,00} \times \frac{8,86}{9,00} = 1,400 \times 0,984 = 1,38$$

$$v = 1,72$$
$$v' = 0,94$$

Le canal ayant 44^m,00 au plafond, avec talus à 45° :

$$U = \frac{61,00}{53,00} \times \frac{8,86}{9,00} = 1,151 \times 0,984 = 1,13$$

$$v = 1,41$$
$$v' = 0,85$$

2° Le lac Amer n'arrêtant point l'onde marée et l'amplitude de celle-ci au débouché du canal étant de 0^m,50 :

$$x = 22,00 \quad h = \frac{2,00 + 0,50}{2} = 1,25 \quad H = 8,00 \quad V = 8,86$$

Avec talus de 2 sur 1 :

$$U = \frac{56,50}{40,50} \times \frac{(1,25 \times 8,86)}{9,25} = 1,395 \times 1,197 = 1,67$$

$$v = 2,09$$
$$v' = 1,25$$

La largeur du canal au plafond étant de 44^m,00 avec talus de 2 sur 1 :

$$U = \frac{78,50}{62,50} \times \frac{(1,25 \times 8,86)}{9,25} = 1,256 \times 1,197 = 1,50$$

$$v = 1,87$$
$$v' = 1,13$$

Et enfin le canal ayant 44^m,00 au plafond et ses talus à 45° suivant le profil que j'ai proposé :

$$U = \frac{61,25}{53,25} \times \frac{(1,25 \times 8,86)}{9,25} = 1,150 \times 1,197 = 1,38$$

$$v = 1,72$$
$$v' = 1,04$$

Mais, comme j'ai déjà eu occasion de le dire, toutes ces vitesses ne sont que des moyennes théoriques. Elles seraient plus fortes aux embouchures et elles diminueraient à mesure qu'elles s'avanceraient vers l'amont, ainsi qu'il arrive sur tous les grands fleuves à marée.

Jusqu'à présent, je n'ai parlé que des courants de flot. Je n'ai pas pensé, comme M. Lieussou, que la même formule pût s'appliquer, moyennant un simple changement de signe, au flot comme au jusant. Les causes agissantes ne sont pas évidemment les mêmes : l'une est une impulsion venant du large due à l'action luni-solaire, l'autre est un simple écoulement dû à la gravité. C'est pour cela que j'ai adopté pour le jusant la formule

$$U = 50 \sqrt{RI},$$

dans laquelle U est la vitesse moyenne ou de masse, R le rayon moyen, c'est-à-dire la section divisée par le périmètre mouillé, et I la pente par mètre.

J'ai cru devoir entrer dans ces détails de calculs pour prouver à M. Chevallier qu'il est possible de se rendre compte des effets du régime des marées dans les fleuves et canaux en communication libre avec la mer.

c. — Je n'ai point à m'occuper du mémoire de M. Cadiat, puisque je n'ai pas été à même de le lire, mais je ferai quelques remarques sur les résultats des calculs de cet ingénieur cités par M. Chevallier.

d. — M. Chevallier confirme ce qui a été dit par M. de Lesseps dans la dernière Assemblée générale. De nouveaux nivellements viennent de prouver que la différence des niveaux moyens des deux mers, trouvée précédemment de 0^m,68, se réduit presqu'à rien, à 0^m,16 d'après M. de Lesseps. Ce fait est grave ; je le crois plutôt défavorable que favorable au bosphore, parce que les courants de jusant ne pourront qu'en être augmentés dans la branche de Suez.

J'avais cru pouvoir négliger l'influence des marées de la Méditerranée sur le lac Amer, et par suite, sur la branche de Suez, à cause de leurs faibles amplitudes. J'avais même considéré la branche de Saïd, comme un véritable émissaire du lac, mais aujourd'hui la question est bien changée, car, à l'exception des jours de grandes marées avec coups de vent du sud, la Méditerranée, presque toujours soulevée par les vents du nord qui sont les vents dominants, maintiendrait le lac Amer à plus de deux mètres au-dessus de la basse mer de la mer Rouge et par suite occasionnerait du côté de Suez des courants de jusant de plus de quatre nœuds, qui pourraient encore être augmentés par les tempêtes du lac Amer.

E. — J'ai rectifié l'erreur de calcul de M. Lieussou, sans attacher une grande importance au résultat, parce qu'il ne me paraissait pas exact de déterminer une pleine mer proportionnellement à la distance parcourue par l'onde marée et je n'en ai pas tenu compte dans mes calculs, avec d'autant plus de raison que la Méditerranée se trouvait toujours inférieure aux eaux du lac d'après l'ancienne différence entre les niveaux d'équilibre des deux mers.

F. — Je regrette que M. Chevallier ne se soit pas expliqué sur les hypothèses qui ont servi de bases à nos calculs et qu'il regarde comme contestables, j'aurais peut-être réussi à justifier les miennes.

G. — J'ai toujours été d'avis d'adopter la troisième combinaison, et c'est celle que j'ai proposée en avril dernier, parce qu'elle réunit à elle seule les avantages que l'on peut se promettre des deux autres, et qu'en l'adoptant de suite on évite le fâcheux éclat d'un mécompte et ses déplorables conséquences.

H. — Les dimensions du canal maritime ou plutôt du bosphore étant ainsi fixées, 58^m,00 à la ligne de flottaison, 22^m,00 au plafond et 8^m,00 de profondeur, il doit paraître évident à tout marin que la navigation y serait difficile et dangereuse pour le mouvement et le croisement des grands navires. Je crois qu'il faut maintenir la largeur de 44^m,00 au minimum au plafond, fixée par la Commission internationale, et de plus pour éviter les échouages et rendre les croisements plus faciles, il faut donner aux talus le moins d'inclinaison possible, sans dépasser 45°, sauf à les perreyer dans les parties déblayées à sec et à les empierrer dans les parties draguées.

Persuadé que le lac Amer ne remplirait pas le rôle de régulateur qu'on voulait lui attribuer, je n'ai point hésité à proposer de contourner ce lac et de convertir le Bosphore projeté en un véritable canal maritime protégé par des écluses.

J'ai cru devoir n'en placer que du côté de la mer Rouge, voici mes raisons.

A Port-Saïd, les amplitudes des marées de la Méditerranée ne dépassent pas 0^m,40 et par suite les courants de flot et de jusant ne pourront être que très-faibles à l'embouchure du canal maritime. C'est aussi de ce côté, fort heureusement, qu'il y a convenance et nécessité à avoir une entrée toujours libre et toujours praticable.

A Suez les amplitudes des marées de la mer Rouge atteignent 2 mètres en vive eau et quelquefois dans les grands coups de vent du Sud la mer s'élève au point d'inonder les terrains bas de l'isthme, tandis que dans les grands coups de vent du Nord, elle descend à plus de 3 mètres au-dessous de ces mêmes terrains. Il y aurait donc à craindre de ce côté des alternatives de hautes et de basses mers, qui produiraient des courants très-gênants pour la navigation et qui ne peuvent être annulés que par des écluses.

Ajoutons que ces écluses pourraient être construites sur la berge de la Quarantaine, en face de Suez, dans un terrain solide et à proximité d'excellentes carrières. Ajoutons encore qu'elles seraient convenablement disposées sous le point de vue administratif pour la perception des droits de navigation et même sous le point de vue politique international, puisqu'elles seraient les portes d'entrée et de sortie du canal maritime dont le gouvernement Égyptien aurait les clefs.

Cette dernière considération donnerait satisfaction à cette partie de la lettre de S. A. le vice-roi, du 18 août 1863, adressée à M. de Lesseps.

« *La Porte, en outre, d'accord en cela, avec l'esprit qui vous a toujours guidé dès le principe, me charge de faire examiner les dimensions, profondeur et largeur du canal, de manière qu'il ne soit purement et simplement qu'une voie commerciale et non point un canal où pourraient passer des bâtiments de guerre. Comme la Compagnie n'a pas encore fixé elle-même d'une manière définitive les dimensions du canal maritime, je réserverai pour la suite l'examen de cette question.* »

Ces écluses au nombre de deux, seraient accolées et auraient chacune 26 mètres d'ouverture pour qu'elles puissent présenter, étant ouvertes, une largeur de débouché égale à la largeur moyenne du canal.

Chaque écluse serait composée, au moyen de portes intermédiaires, de deux sas de 130 mètres de longueur, n'en formant qu'un seul de 260 mètres, au besoin.

Les écluses ne seraient manœuvrées que dans les vives eaux et lorsqu'il y aurait à craindre une trop grande dénivellation à haute mer, de la mer Rouge dans le canal, et à basse mer, du canal dans la mer Rouge. Elles s'ouvriraient et se fermeraient sans aucune difficulté, quand la mer et le canal arrivant au même niveau, soit à marée montante soit à marée descendante, les courants de flot ou de jusant seraient nuls ou n'auraient pas encore atteint assez de vivacité pour être dangereux.

La manœuvre des portes se ferait très-promptement et sans secousses au moyen d'un système hydraulique, employé avec succès en Angleterre, tout en se ménageant, prudemment, la possibilité de recourir aux chaînes de traction en cas de besoin.

Il n'existait au Havre, avant la construction des nouveaux bassins, qu'une seule écluse d'entrée et on était obligé de la laisser ouverte le plus longtemps possible. On ne la fermait quelquefois qu'après un abaissement de 0^m,50 et avec des courants de sortie de plus d'un mètre par seconde. On conçoit tout ce qu'il pouvait y avoir de danger et de difficulté à manœuvrer les portes. Mais il n'en serait pas de même à Suez. On y serait maître de choisir le moment convenable pour l'ouverture ou pour la fermeture des portes. On pourrait même profiter d'un léger courant pour faciliter le mouvement des portes, comme il arrive à la grande écluse de la citadelle, de 30^m,50 d'ouverture, au Havre, et à la nouvelle écluse de Bristol dont les portes d'amont et d'aval qui ne consistent qu'en un seul ventail se ferment, à la mer baissante, sans secousses et sans choc.

En supposant même qu'une écluse fût fermée avant l'autre, les courants qui traverseraient l'écluse restée ouverte seraient très-faiblement augmentés, car la diminution du débouché ne peut se faire immédiatement sentir à l'amont et il faut un certain temps pour que la dénivellation soit assez forte pour doubler la vitesse du courant.

Enfin j'ajouterai un dernier mot en faveur de l'établissement des écluses, c'est qu'elles dispenseraient d'augmenter les dimensions de canal du côté de Suez, pour tenir compte de l'abaissement du niveau de flottaison aux basses mers d'équinoxe de la mer Rouge; et l'économie des déblais qui en résulterait, serait assez considérable.

Ce ne serait pas à un simple éclusier, comme le dit M. Chevallier, que serait confiée la direction du service des écluses de Suez, mais à des officiers de marine habiles et expérimentés, ainsi que cela se pratique dans tous les grands ports de commerce.

I. — Je viens de prouver que les écluses peuvent être *facultatives* et qu'elles laissent toute facilité pour convertir le canal maritime en bosphore quand il y aurait avantage à le faire; maintenant je vais démontrer que les écluses *permanentes* n'apporteraient aucune entrave à la navigation.

Un seul sas de 130 mètres et de 26 mètres de largeur pourrait contenir 2 trois-mâts et 2 bricks, les quatre ensemble contiendraient donc 16 navires à la fois.

Ce même sas pourrait contenir 1 transatlantique et 2 bricks, les quatre ensemble contiendraient donc 4 transatlantiques et 8 bricks.

Enfin les deux écluses contiendraient à la fois, 24 lougres chasse-marées, et autres navires de cabotage.

Chaque sassement de plusieurs navires à la fois, d'après de nombreux exemples que je pourrais citer, n'exigerait pas plus d'une heure en y comprenant les mouvements d'entrée et de sortie, je puis donc affirmer que l'on pourrait faire passer par jour plus de cent à cent cinquante navires tant montants que descendants, et je pense que ce serait plus que suffisant pour l'avenir le plus brillant du canal de Suez.

Mais il ne s'agirait pas toujours d'écluser des flotilles entières ; l'écoulement des navires se ferait assez rapidement au fur et à mesure qu'ils se présenteraient, soit isolément, soit avec des remorqueurs, si j'en juge, d'après ce que j'ai vu moi-même en Angleterre. Ainsi à l'écluse du dock Victoria à Londres, un grand trois-mâts avec son remorqueur ont été sassés en quinze minutes.

Ces écluses à deux sas offrent l'avantage de fonctionner comme une écluse simple ordinaire et de permettre la réparation ou le changement des portes sans arrêter la navigation, comme cela s'est pratiqué, dernièrement, sur la Seine, à l'écluse de Marly, que j'avais divisée en deux sas, il y a vingt-cinq ans, par des portes intermédiaires.

On pourrait se récrier sur l'énormité de la dépense de l'établissement des écluses. J'ai cherché à m'en rendre compte, et avec un métré suffisamment exact, adoptant des prix doubles de ceux de la Commission internationale, et ajoutant 500 mètres de quai sur chaque rive à l'amont et à l'aval des écluses, je suis arrivé au chiffre de treize millions.

Cette dépense est sans doute très-considérable, mais en présence des doutes qui s'élèvent sur le succès d'un bosphore, on ne doit pas hésiter à la faire, puisqu'elle donne le moyen de concilier les avantages d'un bosphore avec ceux incontestables d'un canal maritime.

A l'objection que les écluses de 26 mètres limiteraient les dimensions des navires à y recevoir, je réponds qu'il n'y aurait rien de plus facile que d'élargir les écluses, puisqu'il suffirait de reculer successivement les bajoyens de rive, si le besoin s'en faisait sentir, et cela sans interrompre la navigation.

J. — Il serait sans doute très-possible, au moyen de dragues, d'élargir et d'approfondir le bosphore dans les parties où les fouilles n'ont présenté que du sable vaseux et des graviers, mais en serait-il de même dans un terrain tertiaire où se rencontrent des plâtres, des calcaires et des grès ? Ce travail d'élargissement peut se faire en ce moment, pendant que les déblais se font ou peuvent toujours se faire, pour ainsi dire, presqu'à sec, au moyen du lac Amer conservé comme le grand récipient des eaux provenant des fouilles, soit par simple écoulement, soit par des épuisements de 3 à 4 mètres de hauteur, au plus.

Il est certain que les courants pourront être violents dans la branche de Suez et qu'il y aura nécessité de protéger les berges contre les corrosions. Il y aura même encore nécessité de le faire dans un canal continu, à cause du batillage de surface et de fond occasionné par les navires à vapeur à roues et à hélices.

Le touage à chaîne ne serait pas praticable avec une largeur de 22 mètres au plafond, puisqu'on ne pourrait pas poser deux chaînes, sans gêner le halage ordinaire qui ne doit pas être supprimé ou interdit. En outre, le toueur sur chaîne, si avantageux à la remonte, ne l'est plus à la descente, quand la vitesse du courant dépasse 1 mètre par seconde. Il est obligé de s'accoupler avec sa remorque ou de la tenir à la traîne à grande distance pour éviter un choc dangereux en cas d'arrêt forcé et imprévu, et cependant ce cas de courants alternativement montants ou descendants se représentera toutes les six heures dans un trajet qui ne peut être moindre de trente-six heures en naviguant le jour et la nuit. Comment arrêter un navire et le faire stationner sur des talus de deux sur un, pour opérer un croisement où pour attendre que les courants aient molli ou repris la direction favorable?

Une augmentation de section ne diminuerait point les courants; au contraire, elle les accroîtrait, parce qu'il ne s'agit pas ici d'une rivière à débit constant. Une plus grande section provoquerait un plus grand débit et une plus grande vitesse. J'ajouterai qu'un élargissement complet coûterait certainement plus que les écluses proposées.

On doit comprendre que le canal de Suez ne peut être comparé à aucun autre canal, à cause du grand mouvement de navires de toutes grandeurs auxquels il devra donner passage, depuis le modeste caboteur halé par des dromadaires jusqu'au grand transatlantique à vapeur. Il doit être parcouru librement, à toute heure, dans les deux sens ou bien ce canal ne présenterait qu'une œuvre imparfaite et pouvant donner lieu à des récriminations qu'il est encore temps de prévenir.

La ville de Glasgow, que l'on a souvent citée pour ses beaux travaux de la Clyde, ayant vu qu'un chenal de 60 mètres ne suffisait pas pour le croisement et le mouvement des navires, elle le porte en ce moment à 80 mètres en déplaçant les anciennes berges, quoiqu'elles fussent enrochées et perreyées. Ce travail d'élargissement, facile sur la Clyde à mer basse dans une profondeur de 3 mètres, ne présenterait-il pas de grandes difficultés dans l'Isthme de Suez avec une profondeur de 8 mètres à travers des tranchées de 15 à 20 mètres de hauteur et dans un terrain pouvant offrir des résistances que des dragues, telles puissantes qu'elles fussent, auraient de la peine à surmonter.

x. — M. Chevallier compare ici des vitesses qui ne sont pas comparables entre elles. En effet, M. Lieussou a établi ses calculs sur une largeur de 64 mètres au plafond et non pas sur celle de 44 mètres. En outre la vitesse de 1^m16 est un courant de pente et non pas un courant de flot. C'est une vitesse sur le fond qui correspond, d'après la formule de Prony employée par M. Lieussou, à une vitesse de masse ou moyenne de 1^m45 et à une vitesse de surface de 1^m73.

La vitesse de $1^m,51$ est déduite de celle de $3^m,01$ pour courant de flot, à la surface, que j'avais calculée en supposant, contrairement à l'opinion de M. Lieussou, qu'il y aurait encore une certaine hauteur de marée au débouché de la branche de Suez dans le lac Amer et en supposant en outre que la vitesse de propagation de marée serait celle des embouchures $V = 15^m,55$. Avec celle de l'intérieur des fleuves $V = 7^m,78$, on devait trouver en effet $1^m,51$ au lieu de $3^m,01$. C'était comme l'on voit, un cas exceptionnel et tout à fait hypothétique que j'avais examiné.

En admettant comme M. Lieussou, que le lac Amer annulait l'onde marée, j'avais trouvé $2^m,13$ pour vitesse de masse et M. Lieussou $2^m,09$, et si je poussais plus loin la comparaison de mes calculs avec ceux de cet ingénieur, on verrait que nos résultats seraient presque les mêmes, si on tenait compte de la différence des largeurs du canal au plafond.

Je ne sais si les vitesses de flot de M. Cadiat sont des vitesses de fond, de masse, ou de surface; dans tous les cas, on peut s'étonner de voir, avec la conservation du lac Amer, des vitesses de $1^m,68$ et $1^m,59$ pour une largeur de plafond de 22 mètres, et des vitesses moindres, $1^m,14$ et $1^m,07$ pour une largeur de plafond double ; et de voir encore des vitesses de $2^m,69$ et $2^m,58$ dans un canal continu.

L. — Je n'ai point admis que l'onde marée se transmettait dans un canal avec une vitesse uniforme et avec toute son intensité. Il est bien évident que cette vitesse forte à l'embouchure, va diminuant d'intensité en s'avançant dans le canal puisqu'elle finit par s'y anéantir. C'est pourquoi j'ai appliqué à la branche de Suez considérée, à cause de son peu de longueur, comme une embouchure, la formule $V = 15^m,55$ calculée d'après l'annuaire des marées pour les fleuves pris pour exemples par M. Lieussou, et que j'ai ensuite employé pour le canal continu, la formule $V = 7^m,78$ calculée aussi d'après le même annuaire pour l'intérieur des mêmes fleuves. Ce n'est donc pas arbitrairement que j'ai adopté les vitesses de propagation introduites dans mes calculs.

J'ai eu soin de faire remarquer qu'il ne s'agissait pas ici du régime permanent d'une rivière et que les vitesses, soit au flot, soit au jusant, croissaient ou diminuaient progressivement. Ce que je cherchais c'étaient les vitesses moyennes qui étaient suffisantes pour faire apprécier la force des courants.

Les circonstances locales influent, sans aucun doute, sur la propagation des marées. Un rétrécissement de lit, par exemple, provoque sur ce point un exhaussement du niveau de la pleine mer et empêche le remplissage du bassin supérieur. La mer continue de monter en amont, après la pleine mer, quoiqu'elle descende en aval, jusqu'à ce que les bassins d'amont et d'aval soient de niveau.

m. — M. Chevallier cite un régime de marée existant dans la Seine en 1856, mais qui est différent de celui de 1840 et de celui actuel de 1865, par suite des travaux d'endiguement.

En 1840, du Havre à Quillebeuf, la marée remontait un plan incliné jusqu'à Quillebeuf où se trouvait un premier étranglement, elle s'y élevait, à la pleine mer, un mètre plus haut qu'au Havre. Elle se précipitait ensuite en amont vers Rouen, dans un bassin presque de niveau, en étiage. La baie de Seine formait alors un vaste réservoir qui, à mer baissante, envoyait à la fois ses eaux vers le Havre et vers Rouen.

n. — Tout en rendant justice au talent d'observation dont M. Partiot a fait preuve dans son livre intitulé : *Étude sur le mouvement de marée dans la partie maritime des fleuves*, je ne puis m'empêcher de croire qu'il y a une erreur manifeste dans les résultats du tableau. Il n'est pas probable que les vitesses moyennes calculées, $1^m,60$ et $1^m,80$, soient supérieures aux vitesses superficielles maxima observées, $0^m,99$ et $1^m,07$. Cette erreur ou plutôt cette anomalie provient sans doute de ce que les observations ont été faites dans une courbe concave où naturellement les courants doivent beaucoup varier suivant le fil de l'eau parcouru par les flotteurs.

o. — Il y a exhaussement du niveau de la pleine mer au bec d'Ambès sur la Gironde et au Pelerin sur la Loire, parce qu'il existe sur ces points un rétrécissement qui fait obstacle à la propagation de la marée, et l'eau baisse plus dans l'intérieur de ces fleuves qu'à leur embouchure, surtout en morte eau, parce que le fleuve continue d'y baisser par l'effet de la gravité, pendant que la marée commence à remonter au large.

p. — Le canal de communication de la mer avec le lac n'étant pas suffisant pour le flux et le reflux, la mer s'élève moins dans le lac qu'à l'extérieur, à la haute mer, et s'y abaisse moins à la basse mer. La différence de deux heures entre les pleines mers, tient, comme je l'ai déjà dit, à la continuation du remplissage du lac, jusqu'à ce que les eaux intérieures, au maximum de leur élévation, soient de niveau avec les eaux extérieures et baissent ensuite ensemble.

On voit que l'eau du lac s'élève de $0^m,88$ dans une vive-eau et de $0^m,67$ dans une morte-eau, et comme ce lac est 38 fois plus petit que le lac Amer, on trouverait pour celui-ci des exhaussements relativement correspondants,

$$\frac{0,88}{38} = 0,023 \text{ et } \frac{0,67}{38} = 0,017.$$

A la vérité, les amplitudes de marées ne sont pas les mêmes et il faudrait tenir compte de cette circonstance; mais la comparaison de ces résultats avec ceux que j'ai trouvés pour le lac Amer prouve que mes calculs n'étaient pas établis d'après de simples données hypothétiques.

q. — Il est toujours possible de déterminer les vitesses et les débits des masses mises en mouvement par les marées, MM. Léchallas sur la Loire et Partiot sur la Seine, ont donné des formules suffisamment exactes; mais il faut savoir prendre les données convenables et substituer des sections moyennes à des sections irrégulières.

Dans la question qui nous occupe, il ne s'agissait pas d'arriver à des résultats mathématiquement rigoureux, il les fallait suffisamment comparables pour juger des inconvénients que pouvait présenter telle disposition plutôt que telle autre. J'ajouterai qu'il y a telle circonstance qui ne peut laisser aucun doute sur la force des courants. C'est, par exemple, dans le chenal de Suez qui n'a que 20 kilomètres de longueur, lorsque le lac Amer étant au plus bas, la pleine mer à Suez, avec coup de vent du Sud, s'élèverait de plus de 2 mètres au moins au-dessus de son niveau, ou lorsque par des vents du Nord persistants, le niveau du lac serait de plus de 2 mètres au-dessus de la basse-mer à Suez, il est évident que dans ces deux cas on trouverait, d'après les formules connues, des vitesses de surface de quatre nœuds et même plus avec des vents en tempête.

M. Chevallier présente dans son tableau des vitesses de la Gironde et de la Seine. Elles ne sont pas comparables entre elles, car les deux bassins sont bien différents dans leur profil longitudinal. La Seine est presque de niveau, en temps d'étiage, à Duclair et à Villequier, tandis que la Dordogne et la Garonne offrent des pentes assez fortes au-dessus du bec d'Ambès. Il n'est donc pas étonnant que les courants de flot soient plus forts que les courants de jusant sur la Seine, tandis que c'est tout le contraire sur la Dordogne et la Garonne.

On aurait dû citer dans ce tableau, comme exemples, des vitesses d'embouchure, qui sont de 3 mètres sur la Seine et de $2^m,50$ sur la Gironde.

R. — Ici je vais me trouver d'accord avec M. Chevallier, la pression des vents entre, en effet, pour beaucoup dans l'intensité des vitesses des courants, et cette considération domine tellement la question, qu'elle me fait attacher moins d'importance à l'application des formules, étant bien certain que les courants dominés par les vents dépasseront toutes les suppositions faites et à faire.

Dans le détroit de Messine où l'amplitude de la marée ne dépasse pas $0^m,25$, la vitesse du courant atteint jusqu'à cinq nœuds, et malgré la grande largeur de ce détroit qui est de trois à quatre kilomètres, il s'y forme des contre-courants, des tourbillons ou gouffres très-dangereux.

Le canal d'Égripo qui sépare le détroit de Négrepont en deux branches, ayant à peine sept à huit kilomètres de long sur un kilomètre de large, présente des vitesses de six nœuds et qui atteignent quelquefois, dit M. Chevallier, jusqu'à 10 à 12 nœuds sous l'influence des vents, qui pressent sur les bassins supérieur et inférieur.

D'après ces exemples, que ne doit-on pas craindre dans un bosphore de 20 kilomètres exposé aux tempêtes de la mer Rouge ou à celles d'un grand lac de 40 kilomètres de long sur 8 kilomètres de large?

Le détroit des Dardanelles et le Bosphore de Constantinople présentent des vitesses de 4 à 6 nœuds, malgré des berges sinueuses et rentrantes où elles se répartissent en contre-courants. Elles seraient bien plus fortes, si elles étaient concentrées dans un chenal régulier. C'est ce qui arriverait bien certainement dans la branche de Suez dont la régularité de la section empêcherait la diffusion des courants.

Les étangs de Thau et de Berre confirment tout ce que j'ai dit précédemment sur le lac Amer et sur le lac Ballyteige. On trouve des vitesses de 4 nœuds dans leurs canaux de communication, sous l'influence de dénivellations très-faibles.

s. — Concluons donc de tout ce qui précède que de l'aveu même de M. Chevallier, il y aura des courants qui dépasseront 3 à 4 nœuds et que dès lors il faut s'attendre à de grandes difficultés pour le mouvement et le croisement de grands navires, dans un chenal étroit et à talus allongés. Comment en effet des transatlantiques à roues de 20 mètres de largeur ou à hélices de 13 à 14 mètres, pourront-ils, dans un chenal de 22 mètres au plafond, se croiser entre eux ou avec des navires à voiles halés par des dromadaires, ou remorqués par des vapeurs libres ou sur chaîne? Ne courront-ils pas le risque de s'entrechoquer ou de s'échouer sur les talus?

Les courants alternatifs qui auront lieu toutes les six heures, ne viendront-ils pas encore compliquer les difficultés? Quel sera le règlement qui pourra fixer d'avance l'heure, le lieu de croisement et de stationnement? il suffit de voir toutes les précautions longues et difficiles que l'on prend dans nos ports pour la manœuvre des grands navires, pour comprendre que la navigation à travers l'Isthme de Suez ne peut avoir lieu avec sécurité que dans un canal maritime suffisamment large, à niveau presque constant et par suite presque sans courants.

M. Chevallier dit que les forts courants seront exceptionnels et de courte durée, je ne le pense pas. Les vents de la partie du Nord dominent pendant neuf mois de l'année, dit Volney qui a habité l'Égypte pendant longtemps[1] et je suis porté à le croire, d'après les observations qui ont été faites récemment à Port-Saïd par le capitaine Bérard et le docteur Zarb. La persistance de ces vents ne peut que soulever la Méditerranée sur la côte d'Égypte et par suite maintenir le lac Amer à un niveau très-élevé au-dessus de la basse mer à Suez, de là une cause incessante de forts courants du Nord au Sud dans la branche de Suez, toutes les six heures; ce sera presque un état permanent qui nécessitera un règlement administratif, difficilement exécutable avec des navires de toute grandeur, les uns pouvant naviguer avec leurs propres moyens, les autres avec des moyens auxiliaires.

Je persiste donc à penser qu'il n'y a qu'une seule solution convenable, c'est celle que j'ai déjà proposée en avril dernier et qui réunit à elle seule les avantages d'un bosphore praticable dans les faibles marées de la mer Rouge et d'un canal maritime où le mouvement des navires se fera toujours sans dangers et sans retards.

1. *Annexe*, n° 15.

Ma proposition consiste dans les dispositions suivantes :

Contourner le lac Amer, conserver un chemin de halage sur chaque berge : donner au canal 44 mètres de largeur au plafond avec talus à 45° perreyés ou impierrés ; établir du côté de Suez deux écluses facultatives, accolées de 26 mètres d'ouverture, divisées en deux sas de 130 mètres de longueur, munies de portes d'Ebe et de Flot, avec ponts tournants aux têtes d'amont et d'aval.

Après avoir répondu à la brochure de M. Chevallier, le plus brièvement qu'il m'a été possible, je passe au canal d'eau douce, sur lequel je désire dire aussi quelques mots.

Jusqu'à présent on s'applaudit, avec raison, du résultat déjà obtenu. L'eau du Nil parvient à Suez et à Saïd ; de plus le canal est navigable sur toute la ligne de Zagazig à Suez, il communique avec Saïd provisoirement, moyennant un transbordement et plus tard définitivement par les écluses d'Ismaïla, en cours d'exécution.

Le canal ne sera complet qu'après l'achèvement de la partie qui va être construite par le gouvernement égyptien entre le Caire où sera établie la prise d'eau sur le Nil et l'Ouady où il viendra s'embrancher avec la partie que la compagnie est en train de terminer.

Aux termes de la sentence arbitrale, le canal doit être navigable pour les bâtiments qui fréquentent le Nil et de plus il doit fournir toute l'eau nécessaire à l'irrigation de 60 000 hectares, je crains bien que les dispositions arrêtées ne satisfassent pas à ces conditions si en effet le profil du canal d'eau douce est tel qu'il est indiqué par M. Lecomte dans *le récit de sa promenade dans l'Isthme*.

Si le canal ne doit avoir que 17 mètres au plan d'eau, 8 mètres au plafond et $2^m,25$ de profondeur, il ne pourra débiter avec une pente de $0^m,045$ par kilomètre, que 12 mètres cubes par seconde.

Si on exécute le profil fixé par le conseil supérieur des travaux, savoir 27 mètres à la flottaison, 17 mètres au plafond et 2^m,50 de profondeur, avec la même pente de 0^m,045 par kilomètre, le canal débiterait 25 mètres cubes par seconde.

Cette quantité est moitié de celle que demandaient les ingénieurs du Vice-Roi.

Dans le midi de la France, on a reconnu qu'un bon arrosage exigeait un litre par seconde, par hectare, ce serait donc 60 mètres cubes par seconde pour les 60000 hectares qui font l'objet d'une indemnité de 30 millions.

D'un autre côté, la pente de 0^m,045, par kilomètre, disparaîtrait en étiage ou serait très-diminuée par l'effet des prises d'eau successives; ce qui ne laisserait qu'un mètre à peine sur les buscs d'aval des écluses. Cette fâcheuse situation, qui a été prévue par la commission de l'arbitrage aurait infailliblement lieu. Je me rappelle que les ingénieurs de la canalisation de la Sambre, en Belgique, avaient aussi compté sur la même pente de surface et ils se sont vus obligés après l'exécution des travaux, de rehausser par des poutrelles, les pertuis qui composaient les barrages-déversoirs.

Ce système de pertuis fermés par des poutrelles, me paraît parfaitement applicable au canal d'eau douce, à cause de la facilité de la manœuvre pour régler la hauteur des eaux dans les biefs.

D'après ce qui précède, je serais d'avis d'adopter les dispositions suivantes pour que le canal remplisse les condition de la sentence arbitrale:

1° Donner au canal du Caire à Ismaïla et à Suez, 30 mètres de largeur au plafond, 42 mètres à la flottaison et 3 mètres de profondeur.

2° Chaque écluse aurait les dimensions déjà adoptées pour celles d'Ismaïla.

3° Le déversoir ou barrage, accolé à chaque écluse serait arrasé à 2,50 au-dessus du busc d'aval de l'écluse immédiatement en amont. Il serait composé de 14 pertuis de 5 mètres, fermés par des poutrelles et pouvant débiter 60 mètres cubes par seconde avec une tranche d'eau déversante de 0^m,60 de hauteur.

4° L'écluse de prise d'eau au Caire aurait son busc au niveau du radier du grand barrage du Nil en tête du Delta; elle serait munie de doubles portes à l'amont et à l'aval, les unes de 5^m,50 de hauteur seraient manœuvrées dans les eaux ordinaires du Nil et les autres de 11 mètres de hauteur, dans les eaux extraordinaires.

Nota. L'achèvement du grand barrage permettrait d'établir le seuil de la prise d'eau au niveau de l'étiage du Nil.

5° Au moyen de deux ou trois rangées de poutrelles, dans les quatorze pertuis du barrage de prise d'eau, on diviserait en deux ou en trois la chute des eaux déversantes, sans craindre de submerger les berges du canal, et on profiterait des eaux abondantes et limoneuses pour colmater les terrains inférieurs.

Je me suis rendu compte des dépenses d'un pareil projet et en admettant que la branche d'Ismaïla à Suez aurait une largeur moitié de celle de la branche d'Ismaïla au Caire, je suis arrivé au chiffre de 25 millions pour la totalité du canal, sans tenir compte des dépenses déjà faites.

Mais en attendant cette exécution qui ne peut se faire qu'en plusieurs années, on pourrait profiter des travaux déjà faits en établissant à Zagazig, sur la branche Tanitique, un barrage mobile, qui élèverait d'un mètre les eaux d'étiage et qui ne coûterait pas plus de cent cinquante mille francs.

Je ne m'étends pas davantage sur le canal d'eau douce, parce que les ingénieurs du gouvernement égyptien et ceux de la Compagnie auront à se concerter sur les dimensions du canal et sur l'emplacement des écluses. Seulement, je crois devoir appeler particulièrement leur attention sur l'écluse et le barrage de prise d'eau qui doivent fonctionner à toute hauteur du Nil et sur l'annulation et la diminution de la pente de surface des biefs qui auront lieu pendant l'étiage ou par suite des prises d'eau pour les irrigations.

La construction immédiate du barrage mobile de Zagazig pour la prise d'eau, et l'achèvement des écluses de Suez et d'Ismaïla aux extrémités du canal d'eau douce, établirait, en très-peu de temps, une communication constante entre les deux mers dont profiteraient la navigation et le service des travaux, pendant que l'on exécuterait à sec la partie du canal maritime d'Ismaïla à Suez, qui exigera cinq à six ans au moins.

Je reviens à la question du canal maritime, pour présenter quelques explications sur les motifs qui m'ont déterminé à engager la Compagnie à exécuter à sec toute la branche de Suez.

Les anciens Ingénieurs égyptiens avaient parfaitement compris tous les inconvénients d'une communication libre et constante entre le lac Amer et la mer Rouge; ils remplissaient le lac avec les eaux du Nil et avaient eu le soin d'établir dans le canal qui le joignait à la mer, un certain ouvrage d'art[1], espèce d'écluse sans doute, qui empêchait l'irruption de la mer Rouge et qui s'ouvrait et se fermait pour le passage des navires.

Les ingénieurs français de l'expédition d'Égypte, dans leur projet de canal maritime, remplissaient aussi le lac Amer avec l'eau du Nil et plaçaient des écluses avec portes d'Ebe et de Flot aux deux extrémités du canal de jonction dont ils n'avaient jamais pensé à faire un bosphore.

En adoptant aujourd'hui le parti de laisser le lac Amer à sec ou presqu'à sec, on aurait la facilité d'y rejeter toutes les eaux provenant des fouilles du canal depuis Ismaïla jusqu'à Suez. On aurait le moyen d'établir des formes de radoub qui se videraient naturellement par le simple jeu de quelques ventelles et enfin on conserverait à l'agriculture et à l'industrie une surface de 33 000 hectares susceptibles d'être colmatés et arrosés.

1. Φιλοτεχνον διαφραγμα.

Par ce moyen, on rentre dans le travail ordinaire des tranchées à ciel ouvert; cette considération est puissante, parce que j'ai la conviction que le seuil de Suez, c'est-à-dire, cette partie de l'Isthme comprise entre la mer et le lac Amer est un terrain tertiaire qui présenterait des bancs durs difficiles à déblayer.

Beaucoup d'ingénieurs ont considéré le lac Amer comme ayant appartenu à la mer Rouge à une époque antérieure aux temps historiques, je crois au contraire, qu'il a appartenu à la Méditerranée; et voici mes preuves.

La Méditerranée a occupé tout le Delta et s'étendait probablement jusqu'au seuil de Suez, Hérodote l'a dit et Pline a partagé cette opinion[1]. Ses amplitudes de marée ne devaient pas beaucoup différer de celles d'aujourd'hui; elles étaient donc très-faibles et par suite les courants de flot et de jusant n'étaient pas capables d'entraîner les matières déposées dans les moments d'étale. Les vents d'ouest et de sud-ouest qui apportaient les sables des déserts de la haute Égypte les déposaient au débouché de la vallée, dans cette partie de la Méditerranée qui correspond aujourd'hui au Sérapeum et y ont formé un banc.

Ce banc a isolé la partie de cette même mer qui étant abritée par les monts Awebet et Géneffé a été préservée de l'envahissement des sables et s'est transformée en un lac bientôt mis à sec par de fortes évaporations.

La mer Rouge a pu, avant la formation de la dune de Chalouf, dans ses grands coups de mer, submerger le seuil de Suez, comme elle le fait aujourd'hui dans les parties basses et communiquer avec la Méditerranée, mais sans cependant créer un bosphore, à cause de la retraite lente des eaux après chaque pleine mer.

Ces communications temporaires expliquent naturellement la présence des coquillages des deux mers dans le lac Amer et même dans celui de Timsah.

Dès le moment qu'il est certain que le seuil de Suez est un terrain

---

1. *Annexe*, n° 16.

tertiaire, on doit s'attendre à y rencontrer des bancs dont l'extraction ne peut se faire qu'à sec.

On veut employer, dit-on, des excavateurs à vapeur, je crains bien que ces machines, quoique fort ingénieuses, n'aient pas tout le succès qu'on en attend, parce qu'elles seront exposées à des tourbillons de sable qui engorgeront les tourillons et rendront le mouvement des godets très-lent et très-pénible. Je ne crois pas non plus, que le travail d'un simple *rabotage* par les excavateurs puisse valoir mieux que celui qui est fait à la pioche et à la sape.

L'emploi des paniers sur l'épaule pour transporter des déblais d'un canal sur des cavaliers placés en bordure le long des berges me paraît excellent. Je me souviens d'avoir vu, dans un travail semblable, des fâcherons, habiles ouvriers, employer le panier de préférence à la brouette.

Si S. A. ISMAÏL, qui possède à lui seul près de la moitié des actions et qui est par conséquent le plus intéressé au succès de l'Entreprise, prenait le parti d'employer ses troupes aux travaux de l'Isthme, comme le gouvernement français l'a fait avec succès en France en 1835 et 1836 pour l'exécution des routes stratégiques, on aurait immédiatement sous la main, un nombre suffisant d'ouvriers acclimatés, sobres et déjà habitués à ces sortes de travaux.

Ce serait une grande mesure qui ferait honneur au gouvernement égyptien et qui ne donnerait pas lieu aux objections qui ont fait repousser le travail obligatoire par corvées.

Qu'il me soit permis de dire maintenant quelques mots sur la question financière de l'Entreprise. Ici, je ne suis plus compétent et je devrais me taire, mais comme j'ai la conviction que les travaux ne seront point terminés en 1867, malgré tout le zèle et l'habileté des ingénieurs et des entrepreneurs, je me fais un devoir d'appeler l'attention de l'administration de la Compagnie sur ce point et sur la nécessité de pourvoir à de nouvelles ressources financières.

Admettons que les travaux seront exécutés à la fin de 1867 :

1° RECETTES :

L'actif de la Compagnie au 30 juin 1864 se composait (*Isthme de Suez*, p. 351) de..	84 600 000
Indemnités payées par le gouvernement égyptien jusqu'à la fin de 1867	22 750 000
Remboursement des dépenses faites pour la construction du canal d'eau douce...	10 000 000
Émission des derniers cinquièmes des actions...................	40 000 000
Revenus divers pour fermages, etc.............................	2 650 000
	160 000 000

2° DÉPENSES :

Entreprises concédées (*Isthme de Suez*, p. 355), s'élevant à..	110 000 000	
Travaux complémentaires pour l'achèvement des ports, enrochements des berges, forme de radoub, canal d'eau douce, etc...................................	24 000 000	
Administration et frais généraux pendant quatre ans. Intérêts à payer..	30 000 000	
Total des dépenses à la fin de 1867.....	164 000 000	164 000 000
Déficit..		4 000 000

Ce déficit de quatre millions s'augmenterait à peu près de pareille somme pour chaque année de retard dans l'achèvement des travaux, et cependant le bosphore tel qu'il serait exécuté, n'ayant que 22 mètres au plafond ne répondrait pas à l'attente générale ; il faudrait nécessairement compléter l'œuvre par les dépenses suivantes :

Écluses de Suez et quais aux abords............	13 000 000	
Augmentation des déblais, pour contournement du lac Amer, pour talus à 45°, rigoles batardeaux, épuisements, etc..................................	33 000 000	46 000 000
Dépenses ci-dessus........................		164 000 000
Total général...............		210 000 000
Les ressources n'étant que de		160 000 000
Différence................		50 000 000

C'est donc à un excédant de 50 millions, qu'il faut pourvoir ; par quel moyen ? c'est aux hommes compétents que je laisse le soin de l'indiquer. Je pense cependant, qu'on le trouvera facilement, ce moyen, avec la garantie d'une indemnité de 51 250 000 francs, payable par le gouvernement égyptien, par annuités, d'ici à la fin de 1879 et surtout avec la perspective des revenus d'une grande navigation qui sera complétement ouverte au plus tard en 1869.

RÉSUMÉ ET CONCLUSION.

Un bosphore n'ayant que 22 mètres de largeur au plafond, n'est pas suffisamment large pour le mouvement et le croisement des grands navires. Il faudrait lui donner la largeur de 44 mètres au plafond fixée, comme largeur minimum, par la Commission internationale.

La conservation du lac Amer serait une disposition très-fâcheuse qui intercepterait le halage sur 35 et 40 kilomètres, qui exposerait les navires à des tempêtes et occasionnerait des courants très-vifs dans la branche de Suez, au moment des basses mers de vive-eau et d'équinoxe de la mer Rouge.

Un canal continu, ayant 44 mètres de largeur au plafond, contournant le lac Amer, conservant le halage sur les deux rives et fermé à volonté par des écluses du côté de Suez, offrirait une navigation presque sans courants, facile et permanente dans les deux sens, Nord et Sud.

Plus d'incertitude; il faut, dès à présent, opter entre un bosphore étroit, *avec toutes les servitudes* d'un chemin de fer à une seule voie, et un canal maritime, suffisamment large, avec toutes les garanties d'un bon service de navigation.

Paris le 15 janvier 1865.

POIRÉE,

Inspecteur général des ponts et chaussées en retraite.

ANNEXES.

N° 1.

OBSERVATIONS

SUR LE PROJET DE PERCEMENT DE L'ISTHME DE SUEZ EN COURS D'EXÉCUTION.

On lit dans le compte rendu du 1ᵉʳ mars dernier de la Compagnie universelle du canal de Suez, que *la largeur normale du canal, à la ligne d'eau de la Méditerranée était de* 60 *mètres* au lieu de 80 mètres qui avaient été primitivement fixés.

Cette modification qui réduirait à 24 mètres la largeur du canal au plafond rendrait tout croisement dangereux pour des navires à hélices et même impossible pour des navires à roues, sans de nombreuses gares d'évitement; elle aurait en outre pour conséquence de décharger la Commission internationale de toute espèce de responsabilité, puisque les calculs sur lesquels cette Commission avait motivé son avis, ne sont plus applicables au nouveau profil du canal.

Grâce aux nombreux documents publiés par M. de Lesseps, j'ai pu consulter les calculs acceptés par la Commission et en faire moi-même de nouveaux. J'ai raisonné dans les trois hypothèses différentes où l'on peut concevoir le canal; 1° en le supposant divisé en deux sections par le lac Amer ; 2° en le supposant continu sans écluses à ses extrémités ; 3° en le supposant continu avec écluses à portes d'Ebe et de Flot, en tête du canal, à Suez. J'ai dressé un tableau récapitulatif des vitesses des courants calculées dans les marées d'équinoxe et de morte-eau, dans les hautes et basses eaux du lac et avec des largeurs de 24 et 44 mètres au plafond du canal (voir page 17) et je suis arrivé aux résultats qui suivent :

1° *Canal divisé par le lac Amer.*

Dans la section Sud, côté de la mer Rouge, la vitesse du flot atteindrait $2^m,66$ par seconde, en admettant que la marée ne se fasse pas sentir à l'entrée du lac, et elle pourrait s'élever à 3 mètres si la marée, comme cela est probable, avait encore une certaine action au débouché du canal dans le lac.

Ces vitesses théoriques de $2^m,66$ et 3 mètres ne sont que des vitesses moyennes, car il ne s'agit pas ici d'une rivière à régime permanent, elles seraient plus fortes à l'entrée du canal qu'à son extrémité et de plus elles seraient encore augmentées dans les concavités des parties courbes du canal ; les berges seraient donc violemment attaquées et la navigation serait dangereuse et pénible.

2° *Canal continu sans écluses aux extrémités.*

La vitesse du flot serait de $1^m,39$ et se réduirait à $1^m,28$ dans les vives-eaux ordinaires. Ce serait encore trop pour la conservation des berges du canal et pour la sécurité de la navigation.

3° *Canal continu avec portes d'Ebe et de Flot à Suez.*

Les plus forts courants de flot de la Méditerranée, avec coup de vent du Nord, ne dépasseraient pas $0^m,51$ et seraient à peine de $0^m,25$ dans les temps ordinaires. Ils ne seraient pas nuisibles aux berges ni aux navires et le canal maritime offrirait tous les avantages d'un canal presque horizontal.

D'après ce qui précède, on voit : 1° que le lac Amer ne peut servir de modérateur suffisant ; 2° qu'un canal continu sans écluses aux extrémités aurait encore des courants trop forts ; 3° enfin qu'un canal continu avec écluses à portes d'Ebe et de Flot placées en tête du canal à Suez, présenterait la meilleure disposition pour gouverner le régime des marées dans la traversée du canal et offrirait en outre de grandes facilités pour l'exécution des travaux.

La largeur de 60 mètres maintenant adoptée entre la Méditerranée et le lac Amer, avec des talus de 2 de base sur 1 de hauteur et deux banquettes de 2 mètres pour recevoir un enrochement, réduit la largeur du plafond à 24 mètres, tandis qu'il la faudrait au moins de 44 mètres. On peut obtenir ces 44 mètres, sans changer la ligne d'eau de 60 mètres, en donnant aux talus une inclinaison de 45° et en supprimant les banquettes.

Le canal continu ne traverserait pas le lac Amer, il le contournerait dans la direction la meilleure sous le double point de vue de l'exposition et de l'économie du déblais. Le lac, restant à sec, recevrait les eaux d'écoulement naturel ou d'épuisements provenant des fouilles du canal et des ouvrages d'art : en sorte qu'avec des batardeaux ou de simples terre-pleins établis en travers du canal, au fur et à mesure des besoins, on travaillerait à sec, pour creuser la cuvette du canal, pour enlever les bancs de pierre à plâtre, que l'on a déjà rencontrés et que l'on rencontrera peut-être encore sur d'autres points, et enfin pour perreyer les talus du canal. Quant à la traversée du lac Menzaleh, susceptible d'être draguée avec succès, on remplacerait les perrés par un empierrement fait à *pierrailles coulantes* de la grosseur du macadam des routes pour éviter des aspérités nuisibles au cuivre des navires.

Les deux écluses à sas avec portes d'Ebe et de Flot à établir à l'entrée du canal du côté de Suez, auraient chacune 26 mètres de largeur ; elles recevraient aux têtes d'amont et d'aval des ponts tournants, pour que le passage d'une rive à l'autre du canal ne soit pas interrompu pendant le sassement des navires.

La largeur totale de 52 mètres du débouché des écluses, correspondant à la largeur moyenne du canal, on pourrait, pendant la plus grande partie du temps, laisser les portes des écluses ouvertes, pour le passage libre des navires, comme dans le projet de bosphore, mais avec la possibilité d'arrêter au moment convenable une communication des deux mers qui pourrait être dangereuse.

Je ne crois pas que cette nouvelle solution, consistant à faire un véritable canal maritime soit plus coûteuse que le projet de bosphore en cours d'exécution, car la dépense des ouvrages d'art serait plus que compensée par l'économie des terrassements. Elle éviterait les dangers d'un lac qui pourrait aussi bien que le lac de Genève, avoir ses tempêtes, et en outre elle conserverait la continuité du halage sur les deux rives.

Je n'ai pas la prétention de résoudre l'important problème du percement de l'Isthme de Suez ; mon seul désir est d'appeler l'attention du Conseil d'administration de la Compagnie sur les inconvénients que je viens de signaler et d'indiquer très-sommairement les moyens qui me paraissent les plus propres à y remédier.

Paris, 8 avril 1864.

POIRÉE.

Suivent les calculs.

N° 2.

Paris, 12 avril 1864.

Monsieur le Ministre,

En lisant le dernier compte rendu de la Compagnie universelle de l'Isthme de Suez, j'ai vu avec étonnement et avec regret que la largeur normale du canal maritime était réduite à 60 mètres à la ligne d'eau et par suite à 24 mètres au plafond, au lieu de 44 mètres et même 64 mètres qui avaient été primitivement fixés. Cette réduction rendrait le croisement dangereux et même impossible pour certains navires.

J'ai cru devoir, Monsieur le Ministre, consigner quelques observations dans le mémoire ci-joint ; si Votre Excellence jugeait à propos de les faire examiner avant qu'elles ne soient communiquées à la Compagnie du canal de Suez, je serai empressé de donner de vive voix les développements et éclaircissements que mon opinion peut réclamer.

L'œuvre de l'Isthme de Suez est devenue encore plus nationale par la haute intervention de l'Empereur dans le débat qui est survenu entre le vice-roi et la Compagnie.

Elle doit, pour l'*honneur français*, aboutir au succès le plus prompt et le plus complet; et puisque le mode d'exécution des travaux va peut-être subir de notables modifications, ne serait-il pas convenable d'examiner en même temps s'il n'y a pas lieu d'adopter des dispositions nouvelles qui ne puissent laisser, pour l'avenir, ni incertitudes ni appréhensions sous le double point de vue de l'exécution et de l'exploitation?

Je suis avec le plus profond respect,
Monsieur le Ministre,
de Votre Excellence,
le très-humble et très-obéissant serviteur,

POIRÉE,

Inspecteur général des ponts et chaussées en retraite.

A Son Excellence, M. Behic, Ministre de l'Agriculture, du Commerce et des Travaux publics.

N° 3.

Paris, le 19 avril 1864.

Monsieur,

Vous m'avez fait l'honneur de m'adresser, le 12 de ce mois, un mémoire dans lequel vous avez consigné vos observations au sujet des travaux qui s'exécutent pour le percement de l'Isthme de Suez. Vous me priez de faire examiner ce mémoire.

Le département des travaux publics n'a pas été appelé à examiner les projets dont la Compagnie poursuit l'exécution. N'ayant pas eu connaissance des projets sur lesquels portent vos observations, je ne puis donner une suite utile à votre communication. C'est à vous seul, d'ailleurs, Monsieur, qu'il appartient de soumettre votre mémoire à la Compagnie, si vous le jugez convenable.

Recevez, Monsieur, l'assurance de ma considération la plus distinguée.

Le Ministre de l'Agriculture, du Commerce,
et des Travaux publics.

A. BÉHIC.

A M. Poirée, inspecteur général des ponts et chaussées.

N° 4.

Paris, le 20 avril 1864.

Monsieur le Directeur général,

La lecture de votre dernier rapport m'a fait connaître un fait qui m'a paru bien grave et pouvant, selon moi, compromettre le succès de votre grande et belle entreprise. J'ai cru devoir d'abord soumettre mes observations à M. le Ministre des travaux publics. C'était de ma part une déférence toute naturelle.

M. le Ministre vient de me répondre, par une dépêche d'hier 19 avril, que le département des travaux publics n'ayant pas été appelé à examiner les projets dont la Compagnie poursuit l'exécution, et que n'ayant pas eu connaissance des projets sur lesquels portent mes observations, il ne peut donner une suite utile à ma communication.

Son Excellence ajoute que c'est à moi seul qu'il appartient de soumettre mon mémoire à la Compagnie, si je le juge convenable.

D'après ce qui précède, j'ai l'honneur, Monsieur le Directeur général, de vous adresser mes observations en me mettant entièrement à votre disposition, pour donner de vive voix tous les développements qu'elles comportent.

Je suis, avec la considération la plus distinguée, Monsieur le Directeur,
Votre très-humble et très-obéissant serviteur,

POIRÉE,
Inspecteur général des ponts et chaussées en retraite,
4, rue de l'Odéon.

A Monsieur Ferdinand de Lesseps, Directeur général de la Compagnie universelle du Canal maritime de l'Isthme de Suez.

N° 5.

Paris, le 14 mai 1864.

Monsieur,

J'ai reçu la note que vous m'avez adressée sur le projet du Canal maritime de Suez. Vous reproduisez, en y ajoutant l'autorité de votre nom et de votre expérience, des observations qui avaient été présentées par quelques membres de la Commission internationale, sans entraîner l'opinion de la majorité.

Les deux questions principales que vous soulevez de nouveau et qui sont relatives l'une à la traversée des lacs amers, l'autre à la communication du canal avec la mer Rouge, sont de la plus haute importance. Mais la Compagnie ne les a jamais perdues de vue, elles sont depuis plusieurs mois l'objet des études les plus sérieuses, et jusqu'ici toutes les mesures prises ou définitivement arrêtées par la Compagnie en réservent la solution.

J'ai transmis vos observations à M. le Directeur général des travaux de la Compagnie; vous ne pouvez douter qu'elles ne soient examinées et discutées avec le soin le plus attentif, et je vous prie dès à présent, d'agréer mes remercîments de la communication que vous avez bien voulu me faire et de l'intérêt que vous prenez à l'œuvre dont nous poursuivons l'accomplissement.

Veuillez agréer, Monsieur, l'assurance de ma haute considération.

Le Président,

F. DE LESSEPS.

A M. Poirée, Inspecteur général des ponts et chaussées en retraite.

N° 6.

Paris, le 19 mai 1864.

Monsieur le Président,

J'ai reçu la lettre que vous m'avez fait l'honneur de m'écrire le 14 de ce mois en réponse à la mienne du 20 avril dernier.

Je regrette bien vivement que vous n'ayez pas jugé à propos d'accepter ma proposition de vous donner des explications verbales.

Les officiers de marine qui ont formé la majorité de la Commission internationale n'accepteraient probablement pas aujourd'hui un canal n'ayant que 24 mètres de largeur au plafond avec des courants et contre-courants dépassant 4 kilomètres à l'heure.

Lorsque la tranchée sera ouverte d'une mer à l'autre, il sera impossible de remédier aux difficultés de l'exploitation sans d'énormes dépenses, et cela, après avoir subi de fâcheux mécomptes, à la satisfaction des adversaires.

J'ai cru devoir d'abord intervenir dans la question du canal de Suez, comme ingénieur français intéressé au succès d'une entreprise devenue française, depuis l'auguste patronage de l'Empereur, et peut-être que plus tard, après la décision de l'arbitrage impérial, je me déciderai à y intervenir de nouveau comme actionnaire dans l'intérêt des actionnaires.

En agissant ainsi, je crains bien, Monsieur le Président, de vous contrarier extrêmement et je vous en fais mes excuses, mais je ne pouvais rester indifférent à la solution d'une question qui intéresse si essentiellement notre honneur national.

Il ne suffit pas d'établir une communication telle quelle entre les deux mers, il faut qu'elle soit facile en tout temps; il faut surtout qu'elle soit affranchie de ces règlements obligés, établis sur les chemins de fer à une seule voie.

J'ai l'honneur, etc.

POIRÉE.

A Monsieur Ferdinand de Lesseps, Président de la Compagnie universelle du Canal maritime de Suez.

N. 7.

Paris, 24 mai 1864.

Monsieur,

La lettre que j'ai eu l'honneur de vous adresser le 14 mai en réponse à votre note sur le projet du Canal maritime de Suez, vous faisait connaître que j'avais transmis vos observations à M. le Directeur général des travaux de la Compagnie.

Un rapport lui a été demandé, et s'il ne l'a pas encore remis, c'est que depuis le jour de son arrivée à Paris il a été surchargé d'occupations, principalement pour fournir à la Commission impériale les éléments de son examen.

Mais l'importance du sujet est certainement assez grande pour qu'avant de retourner à son poste en Égypte, M. l'ingénieur Voisin ne manque pas de me remettre le travail que je lui ai demandé.

Lorsque je l'aurai reçu, vous pouvez être assuré que je profiterai avec empressement de l'offre que vous avez bien voulu me faire et que je vous demanderai de me communiquer verbalement vos observations. La Compagnie sera heureuse d'obtenir le concours des lumières et de l'expérience que vous voulez bien mettre à sa disposition.

Veuillez agréer, Monsieur, l'assurance de ma haute considération.

Le Président,

F. DE LESSEPS.

A M. Poirée, Inspecteur général des ponts et chaussées en retraite.

N° 8.

Paris, 25 mai 1864.

Monsieur le Président,

En m'annonçant que vous accepterez mes explications verbales, vous me faites le plus grand plaisir, car vous me mettrez à même de développer tous mes motifs contre un projet de bosphore. La discussion qu'elles provoqueront sera profitable à l'Entreprise, et s'il m'est bien prouvé que mes craintes sont exagérées, je m'empresserai de me rallier au projet qui paraîtrait satisfaire à tous les intérêts, tout en étant le plus économique.

Je ne suis pas un adversaire de votre grande œuvre, Monsieur le Président, tant s'en faut, et je m'estimerai très-heureux si je puis vous être utile à quelque chose.

Je vais faire une absence de quatre à cinq jours, mais à partir du 1er juin, je serai entièrement à votre disposition, le plus tôt serait le mieux, car il est important de savoir dès à présent s'il n'y a pas lieu d'apporter au projet primitif des modifications en rapport avec le nouveau mode d'exécution des travaux.

J'ai l'honneur, etc.

POIRÉE.

A Monsieur Ferdinand de Lesseps, Président de la Compagnie universelle du Canal maritime de l'Isthme de Suez.

N° 9.

Paris, le 27 juin 1864.

Monsieur,

Les ingénieurs de la Compagnie se sont réunis le 25 courant pour l'étude des questions soulevées dans la note que vous m'avez fait l'honneur de me remettre. Il a été reconnu d'un commun accord que les éléments manquaient pour discuter les questions importantes d'une manière utile en vue d'arriver à une résolution définitive.

En conséquence, M. le Directeur général des travaux du canal de Suez, qui retourne en Égypte par le premier paquebot, a été chargé de faire sur les lieux les études et les observations nécessaires et de présenter à bref délai ses appréciations basées sur des données d'une exactitude complète.

D'ici là, la Commission de nos ingénieurs désirant vivement, comme la Compagnie, profiter du précieux concours que vous avez bien voulu m'offrir pour la solution des questions dont il s'agit, a délégué M. Chevallier, ingénieur en chef, membre du conseil des travaux de la marine, pour conférer avec vous et profiter de vos avis.

J'aurais vivement désiré moi-même vous entretenir sur le même sujet et je me disposais à vous demander une entrevue, lorsque j'ai dû me décider à faire une excursion immédiate en Égypte; je pars par le paquebot du 29. Ma présence activera les études auxquelles M. Voisin a été invité à se livrer dans l'intérêt d'une prompte solution de la question en litige, et, lors de mon retour, qui sera prochain, je serai, je l'espère, en mesure de faire appel au concours que vous avez bien voulu promettre de donner à la Compagnie.

Veuillez agréer, Monsieur, l'assurance de ma haute considération.

Le Président,
F. DE LESSEPS.

A M. Poirée, Inspecteur général des ponts et chaussées en retraite.

N° 10.

Paris, 28 juin 1864.

Monsieur le Président,

J'aurais préféré avoir l'honneur de vous voir avant votre départ plutôt qu'à votre retour, parce que probablement votre attention eût été appelée sur des questions que vous auriez examinées sur les lieux.

En me mettant en relation avec M. Chevallier, vous ne pouviez pas choisir un intermédiaire plus compétent ni plus habile.

Comme je ne crois pas que les propagations de marées soient proportionnelles aux distances, je n'ai aucune foi dans l'établissement de Port-Saïd; tel que je l'ai calculé d'après M. Lieussou, il est indispensable de faire des observations simultanées, directes et comparatives, à Suez, à Port-Saïd, et à Timsah à l'extrémité de la partie du canal maritime déjà en communication avec la Méditerranée. Il faudrait aussi que l'on prît dans cette même partie du canal de Port-Saïd à Timsah, les vitesses *maxima* de flux et de reflux avec indication du lieu, de l'heure et de la hauteur de la marée. Elles seront sans doute très-faibles, mais il ne serait pas moins bon de les connaître, ne serait-ce que comme renseignements.

J'ai l'honneur, etc.

POIRÉE.

A M. Ferdinand de Lesseps, président de la Compagnie universelle du Canal maritime de Suez.

N° 11.

J'ai reçu le 30 juin une carte de visite de M. Chevallier.
1er juillet, je lui ai écrit la lettre suivante :

Mon cher camarade,

Je désirerais que notre première conférence eût lieu à votre quartier général de la place Vendôme, parce que vous pourriez me montrer vos plans et les échantillons des forages.

Votre heure sera la mienne, à partir de huit heures du matin.

Votre tout dévoué et très-affectionné camarade.

POIRÉE.

N° 12.

Paris, 8 juillet 1864.

Mon cher camarade,

Je regrette beaucoup de ne pas m'être trouvé chez moi ce matin quand vous vous y êtes présenté, je vous aurais dit verbalement ce que je vais vous dire par écrit.

L'hésitation que vous avez mise à répondre à ma proposition me fait penser que vous y avez attaché beaucoup trop d'importance. Il m'avait paru tout naturel de demander, avant toute discussion, une communication de vos plans et des échantillons de vos forages et je ne devais pas m'attendre à ce qu'elle fût l'objet d'une délibération de votre conseil.

Je crois devoir pour le moment m'abstenir comme ingénieur, et je vais réfléchir sur ce que j'ai à faire comme actionnaire.

Recevez, mon cher camarade, tous mes regrets de voir ainsi arrêtées des conférences avec vous, que j'avais acceptées avec empressement et avec plaisir.

   Votre, etc.

            POIRÉE.

A Monsieur Chevallier.

N° 13.

Paris, 8 juillet, 1864.

Monsieur l'Inspecteur général,

Je réponds à la fois à vos lettres du 1er et du 8 juillet.

C'est à mon tour à regretter de ne pas vous avoir rencontré ce matin; car quelques mots d'explication vous auraient probablement satisfait.

Après avoir reçu votre lettre du 1er, je voulais vous porter moi-même ma réponse verbale *sous ma seule responsabilité*, mais j'en ai été empêché jusqu'à ce matin par des occupations imprévues à la marine et par des indispositions dans ma famille; et je regrette d'autant plus ce retard que vous l'avez attribué à des causes tout à fait erronées.

Je voulais vous dire que je n'ai aucun bureau place Vendôme, que je ne puis donc vous y recevoir.

Je voulais vous demander ce que vous entendiez par des plans et des échantillons de terrains, ne saisissant pas bien le rapport de votre demande avec les questions soulevées par votre note.

Je voulais, à propos de ces dernières questions, les seules que j'aie mission de traiter avec vous, vous signaler quelques erreurs, qui, suivant moi, se sont glissées dans le cours de votre note et par suite dans les conclusions.

Je voulais enfin vous dire que s'il s'agissait de discuter autre chose que votre note, je serais probablement obligé de me récuser, parce qu'étant tout nouvellement dans la Compagnie, je ne pourrais probablement pas répondre à toutes vos questions.

J'aurai l'honneur de me présenter demain à huit heures chez vous, pour développer ces explications, et je vous prie, Monsieur l'Inspecteur général, d'agréer l'expression de mon respectueux dévouement.

V. CHEVALLIER.

A M. Poirée.

N° 14.

9 juillet 1864 (10 heures du matin).

M. Chevallier a été exact au rendez-vous.

Il n'a fait que me confirmer le contenu de sa lettre de la veille, et dès lors la discussion ne me paraissant devoir aboutir à un résultat définitif, j'ai témoigné le désir d'en rester là.

M. Chevallier m'a fait observer que j'avais admis des vitesses de propagation de marées doubles de celles de M. Lieussou, et que j'avais dû par conséquent obtenir des vitesses de courant proportionnellement plus fortes. Il a ajouté que dans la marine on a adopté pour la vitesse de propagation des marées $= V$, la formule

$$V = \sqrt{gH},$$

g étant la force accélératrice de la pesanteur et H la profondeur de la mer.

Cette formule se vérifiait, par exemple, pour la Manche, dont la profondeur moyenne est de 40 mètres, et s'applique également au canal maritime dont la profondeur est de 8 mètres.

La discussion n'a pas été plus loin.

EXTRAIT DE VOLNEY.

(Volney voyageait en Égypte en 1783.)

314. J'ai remarqué, en parlant de l'Égypte, que sur cette mer les rumbs du nord sont les plus habituels, en sorte que sur douze mois de l'année, ils en règnent neuf. On explique ce phénomène d'une manière très-plausible, en disant : Le rivage de la Barbarie, frappé des rayons du soleil, échauffe l'air qui le couvre. Cet air dilaté s'élève ou prend la route de l'intérieur des terres ; alors l'air de la mer se trouvant de ce côté une moindre résistance, s'y porte incontinent ; mais comme il s'échauffe lui-même, il suit le premier et de proche en proche la Méditerranée se vide, et par ce mécanisme l'air qui couvre l'Europe n'ayant plus d'appui de ce côté s'y épanche, et bientôt le courant général s'établit, il sera d'autant plus fort que l'air du nord est plus froid, et de là cette impétuosité des vents plus grande l'hiver que l'été ; il sera d'autant plus faible qu'il y aura plus d'égalité entre l'air des diverses contrées ; et de là cette marche plus modérés dans la belle saison, et qui, même en juillet et août, finit par une espèce de calme général, parce qu'alors le soleil, plus voisin de nous, échauffe presque également tout l'hémisphère jusqu'au pôle, etc.

N° 16.

EXTRAIT D'HÉRODOTE (484 ans av. J. C.).

(Euterpe, t. II, p. 8, trad. de Larcher).

X. La plus grande partie du pays dont je viens de parler, est un présent du Nil, comme me le disent les prêtres, et c'est le jugement que j'en portai moi-même. Il me paraissait en effet que toute cette étendue de pays que l'on voit entre les montagnes, au-dessus de Memphis était autrefois un bras de mer, comme l'avaient été les environs de Troie, de Teuthranie, d'Éphèse et la plaine de Méandre, s'il est permis de comparer les petites choses aux grandes, etc.

29. Arrien (105 ans avant J. C.) dit la même chose qu'Hérodote, et le cite pour garant de ce qu'il avance. Pline (23 ans après J. C.) ne fait guère que le traduire :

« Herodoto quidem si credimus, mare fuit supra Memphium usque ad Æthiopum montes ; itemque a planis Arabiæ, Mare et circa Ilium, et tota Teuthrania, quaque campos intulerit Mæander. »

PARIS. — IMPRIMERIE GÉNÉRALE DE CH. LAHURE
Rue de Fleurus, 9.